Marcher droit, tourner en rond

Éditions Verdier
11220 Lagrasse

Du même auteur

Rien, 2014
Ferdière, psychiatre d'Antonin Artaud, 2006, Verdier/poche, 2014
Précis de médecine imaginaire, 2005

•

Portrait de fleuve, Gallimard, « Le chemin », 1991

Emmanuel Venet

Marcher droit, tourner en rond

ROMAN

Verdier

www.editions-verdier.fr

ISBN : 978-2-86432-878-0

À la mémoire
de Georges Lambrichs et
de Gérard Bobillier

La grande question à laquelle je n'ai jamais trouvé de réponse, malgré trente ans passés à étudier l'âme féminine, est : « Que veut une femme ? »

SIGMUND FREUD

Je ne comprendrai jamais pourquoi, lors des cérémonies de funérailles, on essaie de nous faire croire qu'il y a une vie après la mort et que le défunt n'avait, de son vivant, que des qualités. Si un dieu de miséricorde existait, on se demande bien au nom de quel caprice il nous ferait patienter plusieurs décennies dans cette vallée de larmes avant de nous octroyer la vie éternelle ; et si les humains se conduisaient aussi vertueusement qu'on le dit après coup, l'humanité ne connaîtrait ni les guerres ni les injustices qui déchirent les âmes sensibles. On me rétorque souvent que je schématise les situations complexes à cause de mon syndrome d'Asperger, mais je me contente de raisonner logiquement, comme chacun devrait s'y astreindre. À quarante-cinq ans, depuis longtemps sorti de l'enfance et peu soucieux d'encore me bercer d'illusions, je prétends pouvoir me forger des opinions pertinentes sur ces questions. En l'occurrence, j'assiste pour la quatrième fois de ma vie à des funérailles et je suis une fois de plus révolté par les énormités que j'y entends. La première fois, en mille neuf cent quatre-vingt-quinze, on enterrait le cousin Henri à Saint-Léger-de-Vaux près de Givry. Le curé l'a présenté comme un malheureux qui avait beaucoup souffert durant toute sa vie terrestre, alors que je garde le souvenir d'un homme avenant et enjoué qu'on allait voir une fois l'an chez le vigneron pour qui il travaillait, et qui était tout heureux de nous faire profiter de sa combine sur le mercurey déclassé. La deuxième fois, cinq ans plus tard, nous enterrions Madame Figueira, la concierge de notre immeuble, que le prêtre a décrite comme une sainte alors que de l'avis général elle cancanait beaucoup et faisait courir des rumeurs sur tous les copropriétaires, à commencer par moi. La troisième fois, en deux mille un, je pleurais mon grand-père André, homme authentiquement exceptionnel et mécréant au possible, qu'un célébrant stupide a voulu faire passer pour un citoyen ordinaire qui aurait simplement exercé un beau métier, alors que mon grand-père André faisait partie des dix meilleurs experts du monde en génie civil et aurait mérité des funérailles nationales. Et aujourd'hui c'est ma grand-mère Marguerite qu'on voudrait faire passer pour une femme généreuse et gentille, révisionnisme dont personne autour de moi ne semble s'indigner. Entendons-nous, je ne suis pas un fanatique de la vérité, j'admets volontiers qu'on maquille un cadavre pour le rendre présentable à la famille avant de visser le couvercle du cercueil, et je peux comprendre qu'on n'entre pas dans la description détaillée de tous les travers du défunt. Mais de là à présenter ce dernier sous un jour entièrement trompeur, il y a un fossé que je me refuse à franchir. D'après mon entourage, j'aurais tout intérêt à accepter ce genre de compromis, et d'une façon générale à me plier aux concessions qu'exige la vie en société, mais je ne peux m'y résoudre. Le syndrome d'Asperger, atypie du développement appartenant au spectre de l'autisme et qui ressemble à l'idée que je me fais du surhomme nietzschéen, me rend asociognosique, c'est-à-dire incapable de me plier à l'arbitraire des conventions sociales et d'admettre le caractère foncièrement relatif de l'honnêteté. Je suis tout à fait prêt à reconnaître mes déficiences dans ce domaine, d'autant qu'elles me donnent droit à une pension modeste mais bienvenue. Cependant il me semble qu'il serait plus sain de préférer la vérité au mensonge, et que l'humanité devrait plutôt s'attacher à dessiller les crédules et à punir les profiteurs qui entretiennent le climat de duplicité et de tromperie dans lequel, pour notre plus grand malheur, notre espèce baigne depuis la nuit des temps.

En l'occurrence, j'ai du mal à accepter qu'on ait choisi d'organiser une cérémonie catholique pour ma grand-mère Marguerite, qui n'a jamais mis les pieds dans une église depuis son baptême. Pour moi, tout sonne faux dans cette salle omniculte sans âme, à commencer par la présence d'une officiante recrutée par ma tante Solange à la Pastorale diocésaine, une dame Vauquelin à cheveux gris coiffés en chignon, qui a le culot d'évoquer ma grand-mère Marguerite comme s'il s'agissait d'une intime, alors qu'elle ne l'a jamais rencontrée. De quel droit ose-t-elle l'appeler, depuis le début, par son seul prénom ? « Nous sommes réunis aujourd'hui autour de Marguerite » ou « Nous sommes venus faire nos adieux à Marguerite », même moi je n'aurais pas osé pareilles privautés. Et j'aurais soigneusement évité de multiplier l'horripilante approximation consistant à présenter ma grand-mère comme une centenaire. Certes, elle est morte une semaine seulement avant son centième anniversaire, il s'en fallait donc de peu, mais en toute rigueur le compte n'y était pas. À mes yeux, le simple fait d'appeler centenaire une personne de quatre-vingt-dix-neuf ans et cinquante et une semaines ruine la crédibilité du discours tout entier. Et de fait, on pourrait écrire un livre rien qu'en énumérant les erreurs proférées depuis le début de l'office. Par exemple, ma tante Lorraine a demandé qu'on fasse jouer la chanson de Maurice Chevalier *Dans la vie faut pas s'en faire,* censée avoir bercé l'enfance de ma grand-mère Marguerite, ce qui relève à mon avis de la faute de goût lors d'une célébration funéraire, mais surtout de l'erreur historique puisque Maurice Chevalier a enregistré cette chanson en mille neuf cent quarante : âgée de vingt-six ans, ma grand-mère allaitait ma tante Solange et n'avait plus rien d'une enfant. Plus sobre, mon père a demandé l'*Adagio* d'Albinoni, que la dame Vauquelin a annoncé tout en faisant jouer la *Vocalise* de Rachmaninov qu'elle a présentée comme tirée d'un prétendu disque d'Albinoni intitulé *Adagios célèbres* : comment supporter une telle inculture chez une femme qui fait profession d'enterrer ses contemporains ? Sans oublier que ma tante Lorraine, encore elle, a obtenu de lire un poème de son cru dont l'indigence le dispute à l'insincérité : « Maman joyeuse, maman rieuse, maman gracieuse, maman rêveuse, maman chaleureuse, maman travailleuse, maman berceuse, maman fabuleuse, maman facétieuse, maman lumineuse, maman tricoteuse, maman audacieuse, maman généreuse, maman fougueuse mais surtout maman heureuse. » Certes, ma grand-mère Marguerite entretenait sa maison et aimait tricoter, mais pour le reste le portrait prend beaucoup de libertés avec le modèle. Quitte à retenir cette forme littéraire simplette, à la place de ma tante Lorraine j'aurais personnellement écrit « Maman menteuse, maman grincheuse, maman teigneuse, maman coureuse, maman oublieuse, maman rabâcheuse, maman truqueuse, maman râleuse, maman boudeuse, maman sermonneuse, maman cauteleuse, maman querelleuse, maman chicaneuse, maman rancuneuse, et surtout maman malheureuse ». Il faudrait y ajouter les fables de l'oraison, dans laquelle il a été dit que ma grand-mère Marguerite disparaissait comme une voile à l'horizon, mais pour apparaître de l'autre côté de la mer où quelqu'un l'attendait. Et aussi les anaphores usées de l'Ecclésiaste débitées d'une traite par mon petit-cousin János, sans oublier les lapalissades de l'épître de saint Paul, selon qui il faut vivre pour mourir et mourir pour ressusciter : voilà qui donne une idée de l'amateurisme et de la niaiserie générale de la cérémonie.

Comme beaucoup de gens qui atteignent le grand âge, ma grand-mère Marguerite a fini sa vie dans un établissement d'hébergement pour personnes âgées dépendantes où les remugles de désinfectant et de bouillon ne couvrent jamais complètement un fond d'urine, de diarrhée et de vomi. Entre parenthèses, elle ne travaillait plus du tout, et sa mauvaise vue l'empêchait depuis longtemps de tricoter. Ces cinq dernières années, je n'ai été la visiter qu'une fois par an pour lui présenter mes vœux le premier janvier, hypocrisie qui me répugnait mais à propos de laquelle mon père se montrait inflexible, et je suis soulagé qu'elle soit morte une semaine avant son centième anniversaire, parce que sinon il m'aurait fallu assister au banquet prévu en son honneur. Je redoute l'odeur des établissements d'hébergement pour personnes âgées dépendantes, et je n'aimais pas voir ma grand-mère y décrépir si lentement. Non seulement son déclin avait quelque chose d'obscène, mais en l'occurrence il fut aggravé par une étrange inconséquence : comme Fontenelle, ma grand-mère Marguerite se plaignait depuis des années de vivre trop longtemps, d'avoir enterré tous ses amis et d'endurer chaque jour une nouvelle trahison de son corps. Elle aimait répéter que la vieillesse est la pire des calamités, mais chaque hiver elle se faisait vacciner contre la grippe, et, à la moindre bronchite, elle extorquait au docteur Comte des antibiotiques. Pour ma part, si j'en arrivais à trouver ma vie trop longue je cesserais de me soigner et me laisserais mourir une bonne fois pour toutes. D'une manière générale, ce genre d'écart entre les paroles et les actes m'exaspère. Pour n'avoir aucune gêne à faire ce que je dis comme à dire ce que je fais, je ne tolère ni les propos trompeurs ni les cachotteries. En toute transparence, je peux expliquer à qui veut l'entendre que je vis avec mon père depuis que ma mère nous a quittés, il y a trente ans cette année, et je me partage entre mes deux passions : le scrabble et les recherches sur les catastrophes aériennes. J'entretiens également une compétence hors du commun pour le jeu du petit bac, mais j'ai rarement l'occasion de m'en servir. Et surtout, j'aime platoniquement une femme que j'ai connue sous le nom de Sophie Sylvestre lorsque nous étions en seconde au lycée Diderot, puis sous le nom de Sophie Lachenal quand elle s'est mariée en mille neuf cent quatre-vingt-quinze, et qui s'appelle maintenant Sophie Sylvestre-Lachenal depuis son divorce prononcé en deux mille huit. Le syndrome d'Asperger me rend non seulement cohérent avec moi-même et d'une franchise absolue, mais aussi routinier et solitaire. Il me déplairait qu'on gomme ou atténue ces qualités morales quand on prononcera mon oraison funèbre.

Je ne conteste pas que ma grand-mère Marguerite ait souffert de son histoire familiale, puisque son père est mort dans les tranchées de quatorze-dix-huit quand elle avait un an, ainsi que son oncle Octave quand elle en avait trois. Mais je pense qu'elle a surtout souffert des mensonges dans lesquels elle s'est enferrée pour des raisons qui, dans leur ensemble, m'échappent. Tout le monde sait, dans la famille, que le cousin Henri était le fils naturel de sa tante Hortense, dite « la petite tante » parce qu'elle était restée en enfance et ne parlait pas. Il est né en mille neuf cent dix-sept, la petite tante avait seize ans et pas de fiancé, bien entendu. Mais ma grand-mère Marguerite n'a jamais raconté deux fois la même version de l'histoire : selon son humeur, le cousin Henri apparaissait comme un orphelin recueilli par sa famille, ou comme un enfant adopté par ses parents, ou encore comme un cousin lointain dont les parents ne pouvaient s'occuper. Je vois mal ce qu'il y aurait de honteux à être l'enfant naturel d'une adolescente handicapée mentale, puisque personne ne choisit ses parents. D'après mes tantes, le cousin Henri est sans doute le fruit d'un viol, et d'après mon père le viol en question se double probablement d'un inceste. En mille neuf cent seize, Octave, le frère aîné de la petite tante, avait séjourné à Saint-Léger-de-Vaux en convalescence après avoir reçu un éclat d'obus dans le bras. Il pourrait bien avoir abusé sa jeune sœur vulnérable, d'autant que le cousin Henri lui ressemblait de visage, à ce qu'on raconte. Personne ne saura jamais le fin mot de l'histoire : la petite tante ne disait rien et Octave a été tué sur le chemin des Dames avant la naissance d'Henri, par un tir venu de son camp selon la légende familiale : il semble qu'en plus d'un caractère irascible, il chapardait et se montrait peu solidaire de ses compagnons d'armes. En tout cas, même à supposer que le cousin Henri porte la tache d'une origine inavouable, ma grand-mère Marguerite aurait eu meilleur compte d'en façonner une version présentable, crédible et régulière, plutôt que d'improviser à chaque récit. Et il n'était pas très gentil de sa part de le présenter sous les traits d'un idiot de village, simplement parce qu'il travaillait comme valet de ferme à Saint-Léger-de-Vaux. Certes, il n'avait peut-être pas inventé la poudre, mais il ne demandait qu'à rendre service et montrait assez d'astuce pour ne jamais se faire interpeller par les contributions indirectes quand il convoyait en fraude les surplus de mercurey que lui commandait régulièrement mon père. À sa mort, ma grand-mère Marguerite a refusé de le faire enterrer dans le caveau de famille qu'elle avait fait construire au cimetière de Sainte-Foy-Laval, parce que le transport du corps aurait coûté trop cher. Seule héritière potentielle, elle ne voulait pas amputer le pactole, mais on a appris quelque temps après que le cousin Henri avait rédigé un testament en faveur d'une association de protection des animaux, et exigé que l'héritage soit versé en aliments canins une fois les frais de succession réglés, parce qu'il avait peur d'une manœuvre irrégulière de la part de ma grand-mère. Voilà qui suffirait à tempérer les éloges prononcés par la dame Vauquelin, mais il y a bien pire. Tout le canton sait que ma grand-mère Marguerite a noué, un peu avant la Libération, une relation extraconjugale avec un riche voisin nommé Émile Franc, dont ma tante Lorraine est la fille biologique. Et personne ne peut s'aveugler sur le fait qu'à partir de ce moment mon grand-père Adrien, son mari, a sombré dans un marasme dont il n'est jamais ressorti. Cherchant la consolation dans la bouteille jusqu'à se donner une cirrhose, il est mort à l'âge de cinquante-trois ans, humilié et désespéré. Malgré quoi ma grand-mère Marguerite, qui, d'après mon père, l'avait regardé faire naufrage sans lui lancer la moindre bouée, l'a ostensiblement pleuré comme si un destin mauvais l'avait arraché trop tôt à son affection. C'est pourquoi je regrette particulièrement que ma tante Lorraine ait oublié, dans son prétendu poème, « maman menteuse, maman tricheuse, maman trompeuse ». Et bien entendu, il est inutile de compter sur la dame Vauquelin de la Pastorale diocésaine pour rétablir la vérité et mettre en exergue les ravages causés par la défunte, puisqu'en tant qu'officiante rémunérée à la pige elle se contente de broder un tapis de louanges sur le canevas fourni par ses commanditaires.

En somme, les seuls renseignements exacts donnés durant cette pantalonnade se réduisent pour ainsi dire aux données d'état civil : Marguerite Louise Marie Thévenard, née le premier avril mille neuf cent quatorze à Saint-Léger-de-Vaux ; ouvrière pendant quelques années dans une fabrique de caisses ; mariée le deux novembre mille neuf cent trente-huit à Adrien Boyer, artisan maçon ; veuve depuis le dix-huit août mille neuf cent cinquante-huit ; et décédée le vingt-cinq mars deux mille quatorze, exactement une semaine avant son centième anniversaire. Pour le reste, on nage dans un océan d'à-peu-près, de faux-semblants, d'élucubrations et de relectures dont la logique m'échappe. Par exemple, je ne vois pas l'intérêt de dire que ma grand-mère Marguerite a accueilli dans l'allégresse ma tante Solange, son premier enfant, alors qu'elle-même n'a jamais caché avoir attendu son bébé dans une profonde angoisse. Elle a découvert sa grossesse le lendemain de la mobilisation de mon grand-père Adrien qui était réserviste, et elle a porté son enfant comme une croix, dans la hantise de ne pas réussir à l'élever seule. Pendant que son ventre s'arrondissait, mon grand-père Adrien gardait le front de l'Est avec ses collègues, qui tous ont été cueillis comme des fruits mûrs par les Allemands lors de l'offensive de mai mille neuf cent quarante. Déporté dans un camp en Autriche, il y aurait surtout perfectionné son jeu de coinche pendant quelques mois avant de suivre en cavale un quarteron de têtes brûlées, si j'en crois mon père dont je n'ai aucune raison de douter. Ainsi, ma grand-mère Marguerite aurait attendu et accueilli sa fille aînée dans des conditions épouvantables après avoir échoué à la faire passer aux aiguilles à tricoter, ce qui pourrait expliquer que cette fillette soit devenue une bigote sermonneuse et mentalement déséquilibrée. Je ne sais pas sur quels arguments mon père se permet d'établir un lien de causalité entre les fantasmes d'avortement de ma grand-mère Marguerite et la névrose de ma tante Solange, mais je comprends bien que, dans un tel contexte, le mot « allégresse » résonne au moins comme une incongruité. Dans le même ordre d'idées, je ne comprends pas pourquoi mes tantes n'ont pas suggéré à la dame Vauquelin d'évoquer le premier amour de ma grand-mère Marguerite, un certain Auguste qu'elle a dû quitter avant leurs fiançailles car il souffrait de la tuberculose. Il est mort de sa maladie quand elle-même avait vingt-deux ans, et d'après mon père elle en a éprouvé beaucoup de chagrin.

Quoi qu'en disent mes tantes, je n'ai jamais prétendu qu'il faille déballer les turpitudes et les secrets familiaux aux cérémonies d'obsèques, je plaide simplement pour une évocation plus rigoureuse du disparu. Après tout, ma grand-mère Marguerite n'avait pas plus à rougir d'avoir abandonné un amoureux tuberculeux promis à la mort que d'être la nièce d'un oncle abuseur et d'une tante arriérée, et si elle a pleuré en mettant au monde ma tante Solange en avril mille neuf cent quarante, puis mon père Jean-Philippe en novembre mille neuf cent quarante et un, il n'y a rien là de répréhensible : l'époque était aux rutabagas et aux topinambours, aux Ausweis et aux Kommandantur, tout le monde le sait. Par ailleurs, j'admets volontiers qu'on n'insiste pas sur le fait que prénommer un enfant Jean-Philippe en mille neuf cent quarante et un, c'est graver dans le livret de famille une sympathie pétainiste à peine voilée. Laquelle, en l'occurrence, prête un relief singulier au culte que ma grand-mère Marguerite vouait à François Mitterrand, haut fonctionnaire de Vichy pour qui elle a voté chaque fois qu'elle l'a pu, en décrétant qu'il aimait le peuple. D'après mon grand-père André, François Mitterrand aimait surtout se faire élire par le peuple, à qui il a trouvé astucieux de servir des certificats de bonne santé dès qu'il s'est su condamné par un cancer inguérissable, et une politique de rigueur dès que le grand capital a sifflé la fin du quart d'heure social. Mais pour ma part je ne m'intéresse pas assez à la politique pour avoir un avis personnel sur ces anecdotes. Je sais juste que ma grand-mère Marguerite, tout en votant les yeux fermés pour son cher François Mitterrand et se croyant elle-même socialiste, préférait l'argent aux êtres humains, voulait rendre la France aux Français, considérait les handicapés comme des parasites et les homosexuels comme des malades mentaux, et regrettait amèrement la peine de mort au moins pour les assassins, les meurtriers, les violeurs, les braqueurs et les incendiaires.

Au fond, ce qui me révolte dans la réécriture biographique à laquelle se livre la dame Vauquelin, c'est que ma grand-mère Marguerite soit présentée *post mortem* non seulement comme une chrétienne et une femme de gauche qu'elle n'était pas, mais comme une épouse loyale et une mère dévouée qu'elle ne fut pas davantage. Parce qu'il est de notoriété publique, bien au-delà du cercle familial, qu'elle a forcé mon grand-père Adrien à avaler deux couleuvres qui l'ont étouffé : la première quand elle le persuada de se faire embaucher au tri postal à la Libération grâce au piston de leur charmant voisin, Monsieur Émile Franc ; la seconde quand elle mit au monde en mille neuf cent quarante-sept ma tante Lorraine, une brunette aux yeux noirs, alors qu'elle-même et mon grand-père Adrien les avaient d'un bleu d'azur. Il n'y avait pas besoin de hautes études en génétique pour comprendre l'origine du phénomène, et, pour ce que j'en ai compris, c'est après la naissance de ma tante Lorraine que mon grand-père Adrien a pris ses quartiers au café Bourrel, sur la Grand-Place, siège de l'Amicale bouliste valfidésienne. D'après mon père, mon grand-père Adrien, héritier d'une tradition d'artisans libres de leurs horaires et de leur technique, a très mal supporté de perdre son entreprise dans le désastre de la guerre et de devoir accepter, grâce à l'amant de sa femme, un poste subalterne auprès de chefaillons bas du front et d'une troupe de tire-au-flanc portés sur la bouteille. Mon père m'a plusieurs fois raconté, au bord des larmes, les affreux souvenirs de son adolescence, quand il voyait mon grand-père Adrien tanguer entre deux vins et ne l'entendait parler que de s'enfuir, d'acheter des faux papiers et de refaire sa vie le plus loin possible quitte à simplement vagabonder au hasard des chemins, pour se libérer d'une épouse qui se donnait du bon temps entre les bras de leur plus riche voisin. Il se souvient aussi que ma grand-mère Marguerite, avec une désinvolture étonnante, exhortait les trois enfants à ne pas s'inquiéter pour de tels propos : « Parole d'ivrogne, sitôt prononcée, sitôt oubliée » répétait-elle en souriant. Il paraît qu'elle regardait avec condescendance mon grand-père Adrien perdre pied, semblait indifférente aux dangers qu'il encourait, et l'invitait à modérer sa consommation tout en lui offrant une caisse de pinot noir à chacun de ses anniversaires. Toujours d'après mon père, elle-même n'envisageait ni de rompre avec Monsieur Émile Franc, ni de relever mon grand-père Adrien de ses devoirs d'époux, car elle cultivait un sens aigu des convenances. Elle jugeait même bienséant et généreux de ne pas aggraver la situation en ajoutant à l'opprobre de l'ivrognerie la honte du divorce. Mais, dans les commerces de Sainte-Foy-Laval, à longueur de semaines on l'entendait soupirer, avec des mines de victime professionnelle, que si l'amour rend aveugle, le mariage rend la vue. Se peignant en avatar d'une jouvencelle naïve et loyale, elle regrettait de n'avoir pas su deviner, à l'époque de ses fiançailles, que son promis allait devenir intempérant. D'après mon père, elle n'a pas montré d'inquiétude quand mon grand-père Adrien, un matin, ne s'est pas réveillé. Jaune comme un coing, il cessait régulièrement de respirer pendant plusieurs secondes, mais elle se contentait de lui humecter le front avec un gant de toilette en lui adressant des encouragements enjoués. En fin de soirée, comme il ne respirait presque plus et que ses lèvres avaient bleui, elle a envoyé le voisin chercher le médecin du bourg, lequel a mis deux heures à venir et n'a pu que constater le décès. Cela ne l'a pas empêchée de se prétendre endeuillée d'un conjoint affectionné, et soulagée de savoir celui-ci enfin délivré d'une vie malheureuse, constat dans lequel elle ne se reconnaissait aucune responsabilité. À ses yeux, il était mort d'une maladie de foie, et lorsque la question du contexte venait sur le tapis, elle se faisait le chantre de la liberté individuelle : si mon grand-père Adrien s'était abîmé la santé au point d'en mourir, c'était son choix à lui, et personne n'avait à l'assumer à sa place. Elle s'est surtout amèrement plainte et habilement fait plaindre de devoir élever seule trois enfants, dont une fillette de onze ans, et a enfilé son costume de mère courage avec plus de coquetterie que d'élégance. Quelques années après et pour le reste de ses jours, elle allait devenir veuve à temps plein. Je ne l'ai connue que dans ce rôle, vieille dame éplorée que je revois, en tablier de jardin sous la tonnelle de Sainte-Foy-Laval, ou permanentée de bleu les Jours de l'An dans un fauteuil roulant, au réfectoire de son établissement d'hébergement pour personnes âgées dépendantes, tamponnant une larme au coin de ses yeux en évoquant la mémoire de son « pauvre Adrien ». D'après mon père, on a su beaucoup plus tard que l'apparition de cette posture coïncidait avec la naissance d'un autre enfant illégitime de Monsieur Émile Franc, né cette fois-ci dans une famille bourgeoise d'Yzeran au début des années soixante.

Compte tenu de ce passé, présenter ma grand-mère Marguerite comme une femme sensible m'abasourdit. Non seulement elle a observé la noyade de mon grand-père Adrien sans lui tendre la moindre perche, mais je sais qu'elle est capable de se réjouir avec impudence du malheur d'autrui. Par exemple, elle aimait évoquer la bonne fortune qu'elle devait à celui qu'elle n'appelait que « le brave père Guillet », un maraîcher de Sainte-Foy-Laval à qui elle avait acheté la maison en viager à la Libération. Âgé de soixante-cinq ans, le bonhomme jouissait d'une santé de fer au moment de la tractation, de sorte que mon grand-père Adrien jugeait l'affaire téméraire et rechignait à s'y engager. Il a fallu que ma grand-mère lui tienne fermement tête pour lui extorquer une signature chez le notaire. Trois mois plus tard ledit brave père Guillet avait la délicatesse de se découvrir un cancer des bronches qui l'emporterait en moins d'un an. De sorte que ma grand-mère Marguerite s'était autoproclamée génie commercial et considérée comme propriétaire morale de ce domaine, obtenu pour trois fois rien grâce à son seul talent de visionnaire. Même très vieille elle continuait de s'enorgueillir de son intuition, et de répéter que mon grand-père Adrien avait toujours manqué de flair alors qu'elle-même aurait fait un excellent agent immobilier. Je veux bien admettre qu'il soit poli de ne pas remuer ce passé dans une oraison funèbre, pourtant censée décrire la personnalité du défunt, mais j'aurais préféré que la dame Vauquelin évoque, fût-ce très succinctement, le tempérament carnassier de ma grand-mère en matière d'argent. J'imagine qu'un achat en viager ne peut qu'attiser des fantasmes de meurtre, ou tout au moins de mort, et même si je me représente la joie que procure une aussi belle aubaine, j'ai du mal à concilier cette joie avec la notion de bonté. D'autant que durant les années suivantes, ma grand-mère Marguerite suivrait le déclin de mon grand-père Adrien un peu comme elle avait regardé le brave père Guillet maigrir et cracher ses poumons. Ce qui n'empêche pas la dame Vauquelin de prétendre que « Marguerite incarnait l'amour du prochain », qu'elle « était amour » et autres billevesées du même acabit. Car d'après moi, ma grand-mère Marguerite n'a jamais aimé personne, tout au moins au sens où je l'entends.

Pour moi, l'amour suppose un engagement absolu, une constante préoccupation pour le bonheur de l'être aimé, et une droiture sans faille à son égard. Quand j'ai rencontré Sophie Sylvestre en classe de seconde, j'ai tout de suite su qu'elle serait la femme de ma vie, à la fois unique et indétrônable. J'aimais tout d'elle, ses taches de rousseur, ses joues rondes, son sourire à la fois doux et rêveur, ses éclats de rire quand elle discutait avec une camarade, et aussi sa manière d'être belle sans arrogance ni fausse pudeur. Naturellement, les cadors de la classe lui faisaient une cour effrénée, et, timide comme je suis, je ne cherchais pas à rivaliser avec eux : j'observais Sophie Sylvestre de loin, meurtri quand elle prêtait attention aux pitreries d'un bellâtre et soulagé quand elle sortait les griffes pour éconduire un maraud, mais toujours heureux de pouvoir m'émerveiller au spectacle de sa grâce. En première, j'ai vécu comme un divorce le fait de ne plus être dans la même classe qu'elle, et guetté le moindre instant où je pourrais la saluer, lui sourire, ou même simplement l'entrevoir. Chaque mardi sa classe quittait le gymnase quand la mienne y entrait, nous nous croisions sous les panneaux de basket dans les odeurs de caoutchouc et de sueur. J'étais immensément troublé parce qu'un jour, comme elle se penchait en avant pour ramasser un ballon, j'ai vu par l'échancrure de son tee-shirt ses seins magnifiques ballant en liberté, et j'ai cru défaillir tant ce spectacle était beau. De ce jour mon cœur a battu la chamade chaque fois que j'allais en cours d'éducation physique, mais hélas, le phénomène ne s'est jamais reproduit. En tout cas, amoureux fidèle bien que non déclaré, j'essayais de rendre à ma chérie la vie plus facile : je lui expliquais les leçons qu'elle n'avait pas comprises, au besoin je lui rédigeais ses devoirs au brouillon pour qu'elle n'ait plus qu'à les recopier, et quand son cartable était trop lourd pour elle, je le lui portais. En classe je gravais au canif son prénom sur toutes les tables, et le soir avant de m'endormir je songeais aux différents scénarios de notre vie commune à venir. À partir de la terminale, mon père m'a inscrit aux cours par correspondance sur les conseils de notre médecin de famille, et j'ai perdu Sophie Sylvestre de vue, mais pour renouer avec elle d'une autre manière : elle avait été recrutée comme figurante dans des films, et comme sa beauté crevait l'écran, elle n'a pas tardé à décrocher des rôles dits de silhouette. Après le bac elle est partie au cours Florent à Paris, et je l'ai retrouvée jouant les utilités dans des séries télévisées. Fasciné par ses progrès et littéralement ébloui par sa beauté, j'ai bêtement laissé passer quelques années sans me manifester, et lorsque j'ai osé lui écrire pour lui avouer mes sentiments, il était trop tard : elle vivait déjà en couple avec Patrick Lachenal, un photographe de plateau qui devait l'épouser en mille neuf cent quatre-vingt-quinze, et avec qui elle a eu l'année suivante un fils atteint de la mucoviscidose, ce qui l'a éloignée des studios et privée d'une belle carrière si ce n'est de la gloire. Dans cette affaire j'ai péché par maladresse et par lenteur, je le reconnais, c'est pourquoi je n'en veux pas à Sophie Sylvestre, que je ne cesse ni ne cesserai d'aimer de tout mon cœur et de toute mon âme. Je reconnais volontiers que ma conception de l'amour trace une asymptote extrêmement difficile à atteindre, mais en même temps je conçois mal qu'on galvaude cet idéal en appelant amour des sentiments éphémères, opportunistes, capricieux et capables à tout moment de se retourner en leur contraire. Si j'affirme que ma grand-mère Marguerite ne savait pas aimer, c'est parce qu'elle pouvait passer, versatile à l'extrême, d'une attitude affectueuse à une franche hostilité sans que personne puisse l'anticiper ni savoir pourquoi.

Il lui est arrivé de m'accueillir avec des chocolats et de me dorloter, puis tout à trac de me reprocher ma passion pour le scrabble et pour les catastrophes aériennes, même si je lui avais expliqué des dizaines de fois qu'il s'agissait d'un symptôme appelé « stéréotypie idéo-comportementale » par le professeur Urs Weiss et pratiquement constant dans le syndrome d'Asperger. J'aime les catastrophes aériennes parce qu'elles répondent toujours à une logique précise qu'on peut découvrir d'après des indices parfois ténus ; et j'aime le scrabble parce qu'il ravale à l'arrière-plan la question du sens des mots et permet de faire autant de points avec « asphyxie » qu'avec « oxygène ». D'après ma grand-mère, plutôt que de rester dans ma chambre à m'occuper de ces futilités, j'aurais dû mettre mon intelligence et ma mémoire au service d'une activité plus lucrative bien que pas forcément moins fastidieuse, comme avocat ou pharmacien. Par ailleurs, je l'ai entendue multiplier les marques d'affection pour mon père, dont elle vantait la gentillesse et la vivacité d'esprit, puis, à la visite suivante, l'abreuver de récriminations et le traiter d'éthylique ou d'ingrat. Quand elle parlait de ma tante Solange, elle regrettait d'avoir une fille aussi maladivement catholique, en permanence requise par ses groupes de prière, ses récollections et ses devoirs de catéchumène, mais en sa présence elle lui faisait des politesses à n'en plus finir et demandait mille nouvelles de la nonne anorexique ou du diacre alzheimérien dont ma tante Solange l'avait bassinée lors d'une précédente visite. De même, elle critiquait avec sévérité le masochisme de ma tante Lorraine, maladivement attachée à un compagnon maltraitant, mais lorsqu'elles discutaient ensemble c'était de dentelles ou d'escapade à Venise, et sur le ton de la cordialité voire de la connivence. De sorte que je ne savais jamais ce qu'il fallait croire, de ses critiques au vitriol ou de ses amabilités.

Moi, à partir du moment où j'ai aimé Sophie Sylvestre, et bien qu'elle soit devenue Sophie Lachenal par son mariage en mille neuf cent quatre-vingt-quinze puis Sophie Sylvestre-Lachenal par son divorce en deux mille huit, je n'ai jamais varié : j'essayais d'aller voir et d'acheter en cassettes vidéo *tous* les films où elle apparaissait, parfois si furtivement que c'était une performance de la repérer en périphérie de l'écran : piétonne perdue dans la cohue d'une rue fréquentée, ou cliente en fond de salle dans un restaurant où dînaient les premiers rôles. La simple vue de son image en mouvement me transporte de joie, je ne saurais même pas dire exactement pourquoi. Je me souviens d'avoir fondu d'émotion lorsque je l'ai vue dans *On s'en reparle* d'Arnaud Zimmermann où, pour la première fois, elle incarnait de manière un peu consistante un personnage de commissaire de police. À la fois je retrouvais la splendide lycéenne que les garçons sifflaient dans la rue et une femme au sommet de sa maturité, lestée d'une gravité qui la rendait magnétiquement désirable. C'est à propos de ce film que je lui ai écrit via le producteur, et que nous avons échangé quelques lettres pleines d'amitié avant que je lui révèle mon amour et qu'en réponse elle m'apprenne, avec beaucoup de tact et de gentillesse, qu'elle était déjà engagée auprès de Patrick Lachenal. Nous avons malgré tout installé notre relation dans un régime de croisière qui nous convenait, jusqu'au malentendu qui nous a séparés, il y a trois ans. J'en suis affecté mais je me résigne, et malgré cette brouille je continue d'aimer Sophie comme au premier jour. Souvent dans mes rêveries, je me repasse le film de nos commencements amoureux tels que j'aurais aimé les vivre. Nous nous serions retrouvés par hasard, elle et moi, invités à la même garden-party. Crépuscule de juin, chaises de rotin disséminées sur une pelouse grasse et dense, *jet set* élégante et bronzée devisant un verre à la main autour d'un buffet garni de mets succulents. Sophie Sylvestre serait venue seule, moi aussi. Elle porterait une robe blanche, contrastant avec l'ambre de ses bras nus et de ses jambes fuselées, comme dans *Il y a de l'humain derrière* de Marie Ramos. Nos regards se croiseraient en même temps, alors je m'approcherais d'elle et, d'une voix douce, je lui dirais ma joie de la retrouver, et le plaisir que m'ont procuré ses apparitions dans plusieurs longs-métrages. Je lui livrerais ma théorie sur l'évolution de ses rôles, et en retour elle me questionnerait sur mes goûts, émettrait un sifflement admiratif à l'énoncé de mes meilleurs scores au scrabble, confesserait une fascination ancienne et jusqu'alors inavouée pour les chutes d'avions. Puis, une ombre passant furtivement sur son visage, elle me chuchoterait qu'elle ne se sent pas à sa place dans cette coterie de snobs, et, posant sa coupe de champagne d'un geste décidé, me soufflerait à l'oreille : « Partons ! » Alors tous les deux nous partirions dans son petit cabriolet anglais fleurant le cuir et le tabac blond, cheveux au vent sous un ciel de velours piqué de diamants. Ivres de bonheur et incapables de penser à autre chose qu'à notre amour enfin advenu, nous sortirions de la ville et nous laisserions emmener par des routes bordées de castelets et de halliers, savourerions ce moment de communion avec le monde, unis par le seul partage d'une émotion à nulle autre pareille. Follement excité par sa conduite sportive, je ne me lasserais pas d'observer la peau hâlée de sa cuisse émergeant de la cotonnade blanche, sa main fine sur le pommeau du levier de vitesses, ses coups d'œil furtifs aux rétroviseurs et aux cadrans cerclés de chrome. Tout à coup, au détour d'un virage, nous découvririons émerveillés la trouée d'un lac de montagne dans son diadème de lumières. Il ne nous resterait plus qu'à descendre vers le rivage, pour nous arrêter devant le tambour d'un hôtel illuminé et nous y offrir la plus belle suite, écrin propice à l'enchantement des sens. Arrivée à l'ascenseur, Sophie Sylvestre tournerait vers moi un regard humide, soupirerait « Oh ! mon cœur » et se blottirait contre mon torse, comme dans *J'ai envie de dire* de Catherine Dottin quand elle s'apprête à embrasser Nabil Creuzet. Mais ce ne serait pas du cinéma et nous nous embrasserions pour de vrai, longuement, sous le regard attendri du concierge qui ferait mine de ne pas l'avoir reconnue pour ne pas nous gêner. Puis, ayant visité la vaste chambre dominant le môle, nous nous accouderions à la rembarde, j'enlacerais son épaule frissonnante, elle murmurerait « Comme c'est beau ! » en contemplant le clignotement des réverbères et de leurs reflets sur l'autre rive, et c'est alors, je pense, que je lui proposerais de fermer la fenêtre pour ne pas nous enrhumer et de nous déshabiller pour faire l'amour. Voilà comment débuterait l'histoire de notre couple, et à partir de ce moment nous ne nous quitterions plus. Sophie me ferait lire les scénarios des films où elle aurait accepté un rôle, nous discuterions des interprétations possibles, nous jouerions des saynètes, puis elle me cuisinerait amoureusement des lasagnes ou des spaghettis à la bolognaise que j'aime tant, et après le dîner, je l'écraserais au scrabble et nous ferions l'amour. Le vendredi nous partirions au lac dans son cabriolet vert et nous passerions le week-end à canoter, à chiner des livres d'aviation, à dîner dans des trattorias et à faire l'amour en rêvant de poser « kiosque » ou « jockeys » sur mot compte triple. Bien sûr, à force de faire l'amour nous aurions un enfant, idéalement indemne de mucoviscidose, que nous prénommerions Roger en hommage au champion de scrabble Roger Walkowiak, mon idole. Pendant qu'elle partirait en tournage, je m'occuperais de notre petit Roger, je lui préparerais des biberons, des soupes et des pâtes à la tomate, et le soir nous jouerions tous les trois au rami jusqu'à ce qu'il sache jouer au scrabble. Quand il serait assez grand, je lui enseignerais comment faire soixante-quatre points en posant judicieusement « KO » ou « OK », et nous achèterions un break pour pouvoir partir tous les trois au lac, faire du pédalo ou nous baigner à la belle saison. Sophie Sylvestre se sentirait pleinement accomplie, elle me répéterait souvent que je suis l'homme de sa vie. J'aurais transformé son existence en une féerie quotidienne, et en retour elle aurait à cœur de me remercier d'être atteint du syndrome d'Asperger, gage de franchise, de réserve et de probité amoureuse. Voilà comment, dans mes songeries, Sophie Sylvestre deviendrait la plus heureuse des femmes et moi le plus heureux des hommes, une fois pour toutes.

Je n'ai pas tardé à découvrir que personne ne perçoit la noblesse de cette rêverie dans mon entourage, au point qu'on s'en est d'abord gaussé avant de la réprouver. D'une manière générale, quand j'exprime une idée devant mes proches, ils ne la comprennent pas et me répondent à côté, ce qui donne lieu à des quiproquos douloureux dont je n'arrive pas à me dégager. Le modèle de mes interactions sociales pourrait être fourni par l'une de mes catastrophes aériennes préférées, celle qui est survenue aux Canaries le vingt-sept mars mille neuf cent soixante-dix-sept. Ce jour-là, en raison d'une menace d'attentat indépendantiste à l'aérogare de Las Palmas, plusieurs avions ont été déroutés vers l'aéroport de Los Rodeos à Tenerife. Il s'agit d'un petit aéroport disposant uniquement d'une piste doublée d'un taxiway, entre parenthèses un mot que j'aimerais pouvoir poser un jour au scrabble. Il a donc fallu garer sur la partie proximale du taxiway plusieurs camions-citernes, ainsi que cinq appareils. Ce jour-là, deux Boeing 747 devaient redécoller rapidement : l'un de la KLM en provenance d'Amsterdam, l'autre de la Pan Am arrivé de Los Angeles. Contrairement à tous les usages, mais faute d'alternative, les deux avions sont donc partis vers le point de décollage en empruntant la piste, le KLM devant, le Pan Am derrière. Afin de laisser le champ libre à son prédécesseur, le suiveur devait rejoindre le taxiway dès qu'il aurait dépassé la zone encombrée par les autres avions, en empruntant la bretelle numéro trois. Mais un épais brouillard stagnait sur l'île, et le pilote de la Pan Am, n'ayant sans doute pas vu l'embranchement indiqué par la tour de contrôle, a continué à rouler sur la piste jusqu'à la bretelle suivante. Pendant ce temps-là, après avoir accompli son virage à cent quatre-vingts degrés en bout de piste, le pilote de la KLM a dit « We are now at take-off » pour dire qu'il était prêt à décoller. L'aiguilleur a logiquement et littéralement compris « Nous sommes maintenant au point de décollage », et a répondu « Yes » pour signifier qu'il avait enregistré l'information. Mais, interprétant cette réponse comme un feu vert, le commandant de la KLM a mis les gaz. En raison du brouillard, il n'a vu qu'au dernier moment l'avion de la Pan Am qui s'engageait dans la bretelle numéro quatre et lui barrait le passage. Il a essayé de précipiter son envol pour passer au-dessus, mais n'a pu éviter l'empennage de l'autre. Le bilan définitif compte cinq cent quatre-vingt-trois morts, ce qui donne à cette catastrophe le record de létalité de l'aviation civile. Pour arriver à ce résultat exceptionnel, il aura suffi de six mots du vocabulaire de base de l'anglais aéronautique, échangés entre deux personnes rompues à ce langage. Et même de trois mots, puisque « we are now », nous sommes maintenant, a été en l'occurrence parfaitement compris. Restent « at take-off » et « yes », qui font partie des mots les plus simples du lexique de ces professionnels. Preuve que même dans les dialogues les plus ordinaires, chacun n'entend que ce qu'il veut entendre et entretient ainsi l'illusion d'une convergence de vues ou d'un désaccord avec un interlocuteur qui, dans la plupart des cas, ne parle pas de la même chose. Le jour où j'ai eu le malheur de faire observer à ma grand-mère Marguerite que Sophie Sylvestre avait, comme Brigitte Bardot, Michèle Morgan ou Antonin Artaud, les initiales du bonheur, ma grand-mère s'est emportée, m'a traité de nazillon et m'a dit en prenant un air supérieur qu'elle avait, elle, une tout autre idée du bonheur.

Il m'a été impossible de faire partager ma passion pour les catastrophes aériennes à ma proche famille, qui, à l'exception de mon grand-père André et du compagnon de ma cousine Christelle, a toujours rechigné à s'y intéresser. Ma tante Lorraine m'a accusé de chercher à la rendre phobique du charter ; mon père doute de l'intérêt du livre que je prépare et dans lequel je recense tous les crashs d'avions de ligne ; et ma grand-mère Marguerite a toujours mélangé les questions techniques avec des considérations qui n'ont rien à voir, comme la passion d'Édith Piaf pour Marcel Cerdan. Chaque fois que nous avons parlé de l'accident très célèbre dans lequel celui-ci a perdu la vie, le vingt-huit octobre mille neuf cent quarante-neuf sur l'île São Miguel, aux Açores, elle n'a rien écouté à mes explications techniques et a remis sur le tapis l'histoire d'amour qui la captivait d'une manière incompréhensible. Comme chacun sait, l'appareil était un Lockheed Constellation L-749-79-46 immatriculé F-BAZN, qui assurait pour Air France la liaison Paris-New York. Il avait décollé d'Orly le jeudi vingt-sept octobre à vingt heures cinq, avec à son bord trente-sept passagers et onze membres d'équipage. Une escale était prévue sur l'île de Santa Maria vers trois heures du matin, mais l'avion a dérivé et s'est écrasé sur une autre île à quatre-vingt-dix kilomètres au nord de sa route, entre le pic Varra et le mont Redondo, pour des raisons jamais entièrement élucidées : si l'hypothèse d'une erreur du pilote sur sa position semble indiscutable, la cause en reste à jamais un mystère. On a évoqué une défaillance technique des balises de guidage, une erreur humaine, voire un très improbable crime mafieux visant le boxeur qui comptait bien reprendre son titre de champion du monde au tricheur LaMotta. Sur Santa Maria, la météo était clémente, et la nuit claire. L'îlot São Miguel, en revanche, était enveloppé de nuages bas. L'appareil a heurté le mont Redondo à environ neuf cents mètres d'altitude, les quarante-huit personnes présentes à bord ont toutes été tuées. Parmi elles se trouvaient, outre Marcel Cerdan, la violoniste Ginette Neveu, son stradivarius et son frère Jean, pianiste, et le peintre Bernard Boutet de Monvel. Mais ces données, à l'exception de la liste des victimes célèbres, n'intéressaient pas du tout ma grand-mère Marguerite, sensible essentiellement au grand amour entre Édith Piaf et Marcel Cerdan. La chanteuse séjournait alors à New York et attendait fiévreusement l'arrivée de son amant, qui avait réservé son passage sur un paquebot. On dit qu'elle a insisté pour qu'il la rejoigne en avion, bien que tous les vols aient affiché complet. Cerdan et son imprésario auraient alors sollicité une place en salle d'embarquement, où deux jeunes mariés américains en voyage de noces à Paris auraient accepté *in extremis* de leur céder leurs places et de prolonger leur lune de miel. Ma grand-mère se liquéfiait d'émotion lorsqu'elle évoquait cette légende des tourtereaux sauvés par leur générosité et des amants fabuleux victimes de leur hâte à s'étreindre. Elle n'en finissait pas de gloser sur ces deux destins croisés, sur les effets et méfaits de l'amour, sur les conséquences injustes de la célébrité et de l'anonymat. En réalité, les jeunes mariés, Édith et Philip Newton, ont été contraints de céder leurs sièges en vertu d'un droit de priorité accordé à Marcel Cerdan, dont la carrière de sportif international pouvait nécessiter des déplacements imprévus et rapides. De plus, dans sa soif de mièvreries, ma grand-mère Marguerite oubliait que Marcel Cerdan voyageait aussi avec un ami, Paul Genser, à qui une dame Erdman a dû elle aussi laisser sa place. Surtout, comme me l'a fait remarquer mon grand-père André, durant la nuit du jeudi vingt-sept au vendredi vingt-huit octobre mille neuf cent quarante-neuf, selon toute vraisemblance mon grand-père Adrien triait des sacs de courrier dans un bureau de la poste centrale, et ma grand-mère Marguerite attendait que ses trois enfants dorment profondément avant d'aller rejoindre Monsieur Émile Franc par le chemin de traverse qui, serpentant entre les jardins, reliait les deux maisons. En tout cas, je n'ai jamais réussi à la tirer de ces rêveries sentimentalistes pour l'intéresser au dernier contact entre la tour de contrôle et l'avion, à deux heures cinquante et une ; au rôle de naufrageur qu'avaient pu jouer un phare proche et les lumières du village de Povoação ; ou aux autres accidents de Lockheed Constellation, avion à quatre hélices surnommé meilleur trimoteur du monde à cause de ses pannes fréquentes : je crois que ma grand-mère avait une prédilection pour ce crash médiocre parce qu'il lui rappelait ses propres histoires à l'eau de rose. Pour ma part, je le juge fade et le place assez loin dans mon hit-parade de l'accidentologie aérienne.

Je me demande bien pourquoi ma grand-mère Marguerite portait autant d'intérêt à des histoires d'amour qui ne la concernaient en rien, comme cette passion entre Édith Piaf et Marcel Cerdan. Moi qui aime passionnément Sophie Sylvestre-Lachenal, je trouve logique de m'intéresser à elle, de suivre sur son blog l'évolution de l'état de santé de son fils, de verser de l'argent à l'association qu'elle a fondée pour aider les adolescents atteints de mucoviscidose, et d'espérer renouer un jour le dialogue avec elle malgré les turbulences qui ont compliqué nos relations. Mais je ne m'intéresse pas du tout aux intrigues des chanteuses, des comédiens, des journalistes, des sportifs ou des personnalités politiques, et je ne comprends pas le battage que fait une certaine presse autour des coups de foudre et des ruptures que vivent, sur un rythme effréné, les célébrités. Tant qu'elle a conservé une bonne vue, ma grand-mère Marguerite était capable de lire ces magazines de ragots en tricotant, et, par sa conversation, on apprenait qu'une présentatrice de météo avait rompu avec le pilote automobile dont elle s'était crue éprise pour la vie l'année précédente, ou qu'un humoriste et une starlette filaient le parfait amour sur l'île Maurice. Que ma grand-mère Marguerite se soit passionnée pour des nouvelles aussi dénuées d'intérêt m'intrigue d'autant plus qu'elle semblait n'accorder aucune attention aux malheurs amoureux qui la concernaient de près. Pourtant, elle pouvait se targuer d'une certaine expérience personnelle en ce domaine, et ses trois enfants ont repris vaillamment le flambeau du revers conjugal. Ainsi, elle n'abordait jamais les tempêtes de son propre ménage, sinon pour pleurer avec application son « cher Adrien » ou son « pauvre Adrien », selon l'humeur du jour. S'il lui fallait absolument convenir qu'il avait abusé d'alcool, elle lui trouvait des circonstances atténuantes, l'entraînement par ses mauvaises fréquentations à la Poste, ou le goût des parties de pétanque à l'Amicale Bouliste Valfidésienne, institution où l'anisette, c'est bien connu, coule à flots. Parfois, elle laissait entendre qu'il avait été coureur avant leur mariage, et qu'elle l'avait soupçonné, au début de leur vie commune, de céder aux sirènes de l'hédonisme quand il conduisait un chantier chez une femme seule. Mais à n'entendre que son récit d'épouse modèle ayant assumé ses devoirs de mère et enduré sans broncher l'inconstance de son mari, personne ne se serait douté qu'elle avait entretenu pendant treize ans une double vie dont tout le canton suivait en ricanant la chronique. Et, si mon père ne me l'avait pas révélé, je n'aurais jamais pu deviner la longue cuite vécue par mon grand-père Adrien entre la fin de la guerre et son décès en mille neuf cent cinquante-huit, ces treize années scandées par les scènes, les gueules de bois et les nuits passées en salle de dégrisement. À m'en tenir au seul son de cloche de ma grand-mère Marguerite, je n'aurais jamais su qu'elle avait fait neutraliser les armes de chasse, parce que certains soirs mon grand-père Adrien parlait de se tirer une balle dans la bouche pour abréger son supplice de cocu, ou d'aller régler au fusil de douze ses comptes avec Monsieur Émile Franc. Entre parenthèses, je porte un regard critique sur un tel projet, car à mon sens la personne dont mon grand-père Adrien aurait dû vouloir la peau dans cette affaire était ma grand-mère Marguerite plutôt que Monsieur Franc, la traîtresse plutôt que le profiteur. En tout cas, l'extrême discrétion de ma grand-mère sur ces horreurs me donne à penser qu'elle souhaitait avant tout léguer à sa descendance la figure d'un Adrien malencontreusement frappé par la pathologie hépatique plutôt que d'un homme rendu par elle-même à moitié fou, potentiellement assassin et suicidaire à petit feu : toujours ce souci du qu'en-dira-t-on.

De même, je n'ai jamais vu ma grand-mère s'intéresser au divorce de ma tante Solange et de mon oncle Georges, ni même à leur mariage dont la logique échappe à toute rationalité. D'après le témoignage de mon père, ma tante Solange a versé dès l'enfance dans la religiosité, à la grande surprise de mes grands-parents qui ne fréquentaient pas les églises. Adolescente elle a demandé à se faire baptiser, a fait sa profession de foi et montré une telle assiduité à la messe que toute la famille a craint de la voir entrer au carmel. Mais par chance, lorsqu'elle a eu vingt ans, ayant elle aussi bénéficié du bras long de Monsieur Émile Franc, elle est devenue employée aux chèques postaux. C'est là qu'elle a connu mon oncle Georges, qui à l'époque travaillait comme coursier. Ce solide gaillard un peu plus âgé qu'elle, aimait les grosses motos, jouer de la batterie dans un groupe de rock and roll, et boire des bières jusqu'aux petites heures. Si l'on ajoute que sa Trinité s'appelait Chuck Berry, Eddy Cochran et Bill Haley, on peut se demander ce qu'ils avaient en commun. Contre toute attente, d'après ce que m'en a dit mon père, ma tante Solange tomba amoureuse de ce bambocheur, commit sans précautions le péché de luxure avec lui, et ne tarda pas à connaître l'état de grossesse. La faute exigeant d'être réparée, bien que mon oncle Georges ait plus d'inclination pour la nouba que pour la vie de famille, ils s'épousèrent en urgence avant que le ventre de ma tante Solange ne s'arrondisse trop. Ma cousine Marie devait naître cinq mois plus tard, puis deux ans après ma cousine Christelle. Après quatorze ans d'un attelage mal assorti, mon oncle Georges a repris sa liberté pour jouer de la musique et courir le guilledou jusqu'à un second mariage à peu près aussi heureux que le premier. De son côté, comme elle ne travaillait plus depuis la naissance de ma cousine Marie, ma tante Solange a été contrainte de trouver dans les plus brefs délais un emploi, et ce fut un remplacement de secrétaire dans l'administration pénitentiaire. Rapidement titularisée, elle devint assistante sociale par le biais des concours internes, et devait assurer le service social de la maison d'arrêt pendant près de vingt ans, ce qui aurait contribué à son déséquilibre psychologique, d'après mon père.

Quand elle s'est mariée, ma tante Solange allait à la messe même en semaine, aimait ergoter avec des prêtres sur des points de doctrine, et lisait des ouvrages de théologie peu accessibles au profane. Par tempérament, elle préférait s'adonner à la marche, la prière ou la méditation avec des groupes d'œcuménistes que se balader en Harley-Davidson, écouter du rythm'n blues ou boire du whisky, autre mot que j'aimerais un jour placer au scrabble. De sorte qu'il est difficile d'imaginer de quoi se nourrissait sa vie de couple. J'avais sept ans quand mon oncle Georges et elle ont divorcé, et de cette époque il ne me reste que le souvenir flou des Noël auxquels ils venaient ensemble chez ma grand-mère Marguerite. J'aimais bien mon oncle Georges : un grand bonhomme bâti comme Gérard Depardieu, presque toujours vêtu d'un blouson de cuir et qui parlait en expirant la fumée de ses Gitanes, ce qui lui donnait à contre-jour un charme fou. Menue comme une souris grise, ma tante Solange disparaissait presque à côté de lui. Même jeune elle parlait déjà d'une manière excessivement douce et un peu ampoulée, en utilisant des termes vagues et lourds comme « l'un », « le tout », « l'autre ». Elle fréquentait une tribu d'illuminés, de féministes et de barbus qui aimaient chanter des cantiques ou du Bob Dylan en s'accompagnant à la guitare et dire qu'ils étaient « dans la parole » tout en « suivant Christ » sur leur « chemin de vie ». Petit à petit, au fil des années, j'ai découvert avec stupéfaction qu'ils couchaient tous plus ou moins ensemble bien qu'ils aient fait de la chasteté une vertu cardinale, et qu'un bon nombre d'entre eux avait bénéficié d'un accompagnement social à la maison d'arrêt. Le plus étonnant tient au fait que ma tante Solange pouvait en même temps vanter leur accomplissement spirituel et raconter leurs déboires pénaux ou psychiatriques, comme si ces deux plans restaient parfaitement disjoints. Avec la maturité j'ai fini par saisir que, dans son obéissance aveugle au onzième commandement, ma tante Solange aime l'humanité entière, mais avec une indéfectible préférence pour les délirants mystiques, les pervers sexuels et les marginaux criminels. Lorsqu'elle dit de quelqu'un qu'il est « remarquablement équilibré », cela signifie que cette personne peut soutenir une conversation d'un quart d'heure malgré un lourd traitement neuroleptique ou des crises d'hystérie récurrentes. En revanche, si elle décrit quelqu'un comme « un peu perturbé », il y a tout lieu de craindre que cette personne soit hospitalisée en chambre de force, ou incarcérée de longue date, ou encore clochardisée dans un squat au milieu de junkies sans foi ni loi. J'ai même observé que ma tante Solange, lorsqu'elle se lie d'amitié avec quelqu'un dans un réveillon, un pèlerinage ou une retraite spirituelle, déniche toujours le plus halluciné ou le plus déviant du groupe, et ne le présente jamais autrement que comme un modèle d'originalité, voire un génie. Un jour, elle nous a invités chez elle à dîner, mon père et moi, en compagnie d'une amie rencontrée de peu, professeur d'histoire à l'Université et spécialiste du haut Moyen Âge. Nous avons découvert une sorcière catatonique et baveuse qui n'a pas prononcé trois mots de la soirée, n'a même pas consenti à me dire si elle aimait le scrabble et l'aviation civile, et qui s'est endormie au dessert. Quelques jours plus tard, depuis ma fenêtre, je l'ai vue fouiner dans les poubelles en bas de notre immeuble. Quand j'ai fait part à ma tante de ma surprise à la voir fréquenter autant de mythomanes et de malades mentaux, elle m'a répondu qu'elle me fréquentait bien, moi : preuve qu'elle me prend pour un psychotique au mépris des explications fournies par le professeur Urs Weiss soi-même, qui définit le syndrome d'Asperger comme un variant humain non pathologique voire avantageux, puisqu'il garantit, au prix d'une asociognosie parfois invalidante, une rectitude morale plutôt bienvenue dans notre époque de voyous.

Il m'est le plus souvent impossible de comprendre les propos de ma tante Solange, qui ne me semble pas folle à proprement parler, mais qui raisonne presque toujours de travers. Un jour, elle m'a confié que lorsqu'elle se trouvait devant un choix difficile, elle allait consulter une amie devenue ermite en Cévennes. Très intéressé par le mode de vie de cette femme, j'ai posé cent questions auxquelles ma tante Solange a répondu en essayant de dessiner, à petites touches, le portrait d'une mystique installée dans une existence frugale et solitaire au fond d'un bois. À l'entendre, cette femme presque sainte cultivait elle-même ses pommes de terre et son persil, cueillait des champignons dans la forêt et allait chercher son eau à la source. Mais au fil de ses réponses, j'ai peu à peu compris qu'elle possédait une grosse voiture tout-terrain ; qu'elle achetait l'essentiel de ses victuailles au supermarché, où elle se rendait quotidiennement ; que le bois où elle avait installé son ermitage appartenait à ses riches parents ; que ces derniers vivaient en lisière, à un kilomètre de sa maisonnette, ce qui lui permettait de leur rendre visite chaque jour, d'y prendre une douche et souvent d'y manger ; et qu'elle recevait presque tous les jours plusieurs visites de proches ou de relations lointaines en mal de conseils. Lorsque j'ai fait observer à ma tante Solange que je menais une existence plus solitaire que celle de son amie ermite, elle s'est offusquée, a dénoncé mon orgueil, et m'a traité d'envieux. Croyant donner plus de crédit à sa description, elle a ajouté que son amie avait une manière très personnelle de répondre aux questions : elle s'absorbait dans une longue méditation scandée de grognements ; ses yeux se révulsaient ; et soudain elle lâchait une phrase en forme d'énigme qu'il fallait décrypter comme un oracle. J'ai demandé si c'est en raison d'une psychose que cette Pythie procédait par intuitions fulgurantes et paroles énigmatiques, et à partir de là ma tante a pris son regard des mauvais jours et m'a demandé de me mettre une fois pour toutes en tête que la foi en Dieu n'était pas une maladie mentale.

Je n'en disconviens pas, mais je regrette d'avoir échoué à régler sans reste la question de fond qui sous-tend ce dialogue de sourds, à savoir la question de Dieu. À plusieurs reprises j'ai essayé de démontrer à ma tante Solange pourquoi elle avait tort de croire que Dieu existe autrement que sous la forme d'un mot, mais elle n'a jamais voulu entendre mes explications et m'a régulièrement accusé de parti pris ou de sophisme, malgré les preuves irréfutables que je lui apportais. Ainsi, je lui ai fait valoir que le Dieu des religions monothéistes a été inventé très tard dans l'histoire de l'humanité, bien après l'écriture qui représente une condition de sa création. Il aura fallu que les humains perfectionnent beaucoup leur mode de vie, sortent de la précarité et du nomadisme, abandonnent la cueillette pour la récolte et la chasse pour l'élevage, inventent le temps libre, et emplissent leurs loisirs fraîchement découverts de grivoiseries, de jeux et de controverses. J'imagine de vieux juifs très espiègles et lassés des potins comme des tournois d'osselets, qui se seront lancé le défi d'inventer le mot le plus imprononçable que leur langue permettait d'écrire. Ils auront tâtonné jusqu'à trouver le tétragramme désignant une fiction à laquelle ils auront prêté des propriétés aussi inimaginables que son nom : infinie, immortelle, incréée, ubiquitaire, omnisciente, toute-puissante. Alors ils auront constaté qu'ils venaient de créer, en même temps qu'une pépite poétique, une inépuisable matrice conceptuelle. S'étendait devant eux le domaine enchanté du négatif ouvrant à la philosophie des territoires encore totalement vierges: le non-être, le non-soi, le non-blanc dont on peut se demander jusqu'à la fin des temps si c'est le noir ou autre chose, et la non-vie qui nourrit des interrogations analogues sur la minéralité, le jadis et la mort. Je sens d'instinct que ce petit jeu les amusait au plus haut point et leur donnait envie de revenir palabrer le soir, une fois les chèvres traites et les outils rangés, pour explorer plus avant les fonctions heuristiques de leur tétragramme fondateur. Ils en arriveraient même à postuler que les signes du tétragramme étaient en eux-mêmes des êtres purement négatifs, opérant dans un strict jeu d'oppositions entre eux et totalement disjoints du réel. Mais par malheur quelque faux savant, prenant appui sur ces spéculations audacieuses, aura sans doute suggéré que le négatif du négatif produit nécessairement un positif. Alors un esprit faible, donnant crédit à cette fantaisie et cherchant par tous les moyens à calmer la tourmentante question du sens de la vie, en aura déduit contre toute raison que ce mot imprononçable existait bel et bien quelque part et que ce devait être dans le ciel. Ramenant par la bande un animisme immémorial, il aura poussé jusqu'à prétendre que ce mot imprononçable pourrait se fâcher s'il se sentait désavoué. À partir de quoi on lui inventerait un visage, une barbe, des pouvoirs et des sentiments, disputerait pendant des millénaires pour savoir si la mère de son fils l'avait ou non conçu dans l'étreinte, s'il avait créé le mal en même temps que le bien, si sa miséricorde était gratuite ou à vendre, et mille autres questions aussi oiseuses justifiant qu'on allume des bûchers, vende le salut de l'âme au prix fort et défenestre les mal-pensants. Hélas, ma tante Solange a pris une fois pour toutes le parti de l'esprit faux contre les espiègles : elle peut jurer, comme si elle en avait été témoin, que Moïse a gravé la tablette rapportée du Sinaï sous la dictée d'une voix céleste, que le type surpris en grande conversation avec Marie était bien un ange, et que l'éternité s'accorde avec le temps monnayable du purgatoire. À la fin de chacune de mes démonstrations, elle me répond de sa voix la plus suave que c'est aux chrétiens une occasion de croire que de rencontrer l'incroyable, blague de Montaigne qu'elle prend dramatiquement au sérieux et qui la décharge de tout effort d'argumentation. De toute façon, il est bien difficile de discuter avec ma tante Solange, persuadée que les avions peuvent s'immobiliser en plein ciel lorsqu'il leur faut laisser passer un vol prioritaire, et certaine d'avoir elle-même vécu cette situation lors d'un atterrissage de nuit.

J'ai fini par me résoudre à ne plus lui parler de religion à l'époque où le pays avait découvert, abasourdi, le parcours criminel d'un certain Kalt, détenu qu'elle avait personnellement connu et dont elle avait accompagné la réinsertion lorsqu'elle débutait dans le métier d'assistante sociale. À l'époque, il purgeait une courte peine pour escroquerie, et, mielleux comme personne, prétendait vouloir payer sa dette envers la société, de sorte que ma tante Solange l'avait trouvé très émouvant. On a appris plus tard que c'est durant cette incarcération qu'il s'était attiré la confiance d'un gros bonnet du jeu clandestin, lequel l'avait chargé d'aller récupérer dans une planque une forte somme en espèces, d'en prélever une commission et de remettre le reste à son bras droit. Faute de savoir où se trouvait la planque on ne saura jamais si la somme a disparu, mais il est établi que le bras droit a fâcheusement péri dans un guet-apens non élucidé, que le caïd a été abattu à sa sortie de prison, et qu'à partir de ce moment Kalt n'a plus manqué d'argent. À peine libéré, il avait acheté une belle villa sur la Côte d'azur et s'adonnait à des escroqueries bénignes pour assurer son train de maison. Confondu lors d'un contrôle fiscal, il avait écopé d'une deuxième peine, plus longue. C'est alors que, prisonnier modèle, il avait passé une petite annonce dans *Chrétiens d'aujourd'hui* pour trouver une marraine de détention. Une certaine Jeannine Le Guen, paroissienne de Quimper, avait assez trouvé grâce à ses yeux pour qu'ils se mettent en ménage après sa levée d'écrou. Et, au milieu des années deux mille, on avait appris avec stupeur que, depuis plus de dix ans, ces deux fidèles unis dans une même ferveur religieuse capturaient chaque année un adolescent le vendredi saint et une jeune vierge le quinze août, pour les abuser et les torturer à mort. Kalt avait reconnu vingt-trois assassinats, on avait retrouvé presque tous les corps, soigneusement enterrés aux quatre coins du pays. Chaque fois que j'abordais l'affaire Kalt avec ma tante Solange, dans le réel désir qu'elle m'éclaire sur les liens apparemment inextricables entre la foi catholique et la perversion, elle me rabâchait que le Christ était justement mort pour sauver les brebis égarées. Selon elle, Kalt, humain trop humain, était fait du même bois que nous tous. Mésusant de la liberté que le Seigneur lui avait offerte, il n'en était pas moins couvert par le contrat de rédemption universelle et l'infinie bonté de Dieu, il ne nous restait plus qu'à prier pour son pardon. Toute tentative de dialogue sur la compatibilité entre le Décalogue et la conduite de ce *serial killer* nous ramenait au même prêchi-prêcha, de sorte que je n'ai jamais entendu dans la bouche de ma tante Solange de condamnation franche des atrocités commises par Kalt. D'ailleurs, les dates la choquaient plus que les faits, comme si elle était plus sensible à l'anecdote du sacrilège qu'à l'horreur du crime. Du reste, elle appliquait le même raisonnement, pour autant qu'il s'agisse de raisonner, au clergé pédophile, au scandale de la banque Ambrosiano, aux massacres commis par Cortés ou aux silences de Pie XII sur le génocide des juifs. Finalement, mon père a fini par me convaincre de ne plus espérer d'explication de sa part sur ces questions pourtant cruciales, et j'ai cessé de questionner ma tante Solange.

Mon père et ma mère offrent un autre exemple d'échec amoureux inscrit dans les circonstances mêmes de leur rencontre. Ils se sont connus à l'agence où mon père travaillait comme guichetier et où ma mère détenait un compte bancaire. Étudiante souvent à court d'argent, elle m'a dit s'être fait draguer par mon père qui fermait les yeux sur ses découverts pour autant qu'elle se laisse inviter au cinéma ou au restaurant. D'après ma mère, dès les premiers mois il était clair que leurs intérêts convergeaient peu, de sorte qu'elle a rapidement pris ses distances. Mais ils ont tergiversé, et, alors qu'elle s'apprêtait à lui annoncer qu'elle le quittait, elle a découvert qu'elle était enceinte. Pour des raisons présentées comme philosophiques, ils ont décidé de me garder et de raccommoder leur lien autour de mon berceau. Je les aimais bien tous les deux, mais je ne les ai jamais vus s'embrasser et j'ai vite constaté l'incompatibilité de leurs tempéraments. Mon père plaisantait volontiers, m'emmenait voir des films de Walt Disney ou des comédies françaises au cinéma, et invitait souvent ses collègues à la maison pour des apéritifs qui finissaient à minuit. Beaucoup plus réservée, pour ne pas dire froide, ma mère passait le plus clair de son temps libre à préparer ses cours et ses conférences. Quand elle partait en colloque à Paris le vendredi soir, ce qui arrivait souvent, mon père et moi l'accompagnions à l'aéroport et nous restions longtemps à regarder décoller quelques gros-porteurs parmi le fretin du trafic local. Quand j'ai eu quinze ans, elle a annoncé un soir au dîner qu'elle allait quitter la maison, et quand je suis rentré du collège le lendemain, elle finissait de nettoyer l'appartement d'où les déménageurs avaient emporté son énorme bibliothèque, son bureau et sa garde-robe. Submergé d'angoisse jusqu'au retour de mon père, je me suis arraché un ongle à force de le ronger. Quand, rentrant de son travail, il a découvert le contour des meubles aux murs nus du salon et l'état de mes mains, il m'a préparé des spaghettis à la bolognaise et m'a promis de faire repeindre la pièce et d'acheter une belle étagère design à la place de la bibliothèque pour me consoler. Puis il m'a assuré que dorénavant nous serions plus tranquilles, et de ce jour, je n'ai jamais revu mes parents ensemble, ni d'autre femme à la maison. Mon ongle n'a jamais repoussé, il manque toujours à mon index droit. Bien que cette histoire vaille celles qu'on lit dans la presse frivole, ma grand-mère Marguerite n'en a jamais parlé en ma présence. Il paraît qu'elle n'appréciait pas ma mère, qu'elle jugeait hautaine et trop portée sur les mots en « isme ». Depuis ce déménagement, ma mère vit avec un de ses collègues de l'Institut d'Études Politiques, ils écrivent des articles et sillonnent l'Europe pour donner ici ou là des conférences, mais n'apprécient aucune de mes passions. C'est pourquoi nous nous fréquentons le moins possible, et jamais avec un réel plaisir.

Malgré tout je dois à ma mère d'avoir appris très jeune à jouer au petit bac, et d'avoir accumulé beaucoup de connaissances qui me permettent de battre la plupart de mes adversaires à ce jeu. Il me suffit de proposer des catégories comme « reptiles » ou « capitales », puis de ressortir les listes de noms rares appris par cœur qui m'assurent la victoire : alligator, basilic, cistude, dodo, eunecte, fer de lance, gavial, hémidactyle, iguane, jarretière (serpent-), kayentachelys, lézard, moloch, naja, orvet, pélamide, rynchosaures, seps, tarente, ungaliophis et varan ; Accra (Ghana), Belmopan (Belize), Chisinau (Moldavie), Douchanbé (Tadjikistan), Erevan (Arménie),

Freetown (Sierra Leone), Gaborone (Botswana), Harare (Zimbabwe), Islamabad (Pakistan), Jakarta (Indonésie), Khartoum (Soudan), Lomé (Togo), Maputo (Mozambique), Nouakchott (Mauritanie), Oulan-Bator (Mongolie), Paramaribo (Suriname), Quito (Équateur), Roseau (Dominique), Skopje (Macédoine), Tegucigalpa (Honduras), Vientiane (Laos), Windhoek (Namibie), Yaoundé (Cameroun) et Zagreb (Croatie). Malheureusement, plus personne dans la famille n'aime jouer au petit bac contre moi, j'en suis réduit à réviser pour rien des listes de batraciens, de conifères et de fleuves australiens qui ne me servent à rien.

Je dois admettre qu'il m'est encore plus difficile de discuter avec ma tante Lorraine, qui ne s'intéresse qu'à des futilités et ment comme elle respire. Ma tante Lorraine se croit drôle parce qu'elle appelle mon père « Jean-Phil », répète « Noyeux Joël » chaque vingt-cinq décembre, et prétend connaître la réponse à la célèbre question sur laquelle Freud soi-même aurait calé. D'après elle, ce que veulent les femmes tient en trois mots : manger sans grossir. Elle-même se voulant mince contre toute évidence, elle boudine ses quatre-vingts kilos dans des vêtements de jeune fille qui lui scient la graisse et dont j'ai toujours peur que les coutures craquent. Comme elle a lu dans des magazines que les couleurs sombres affinaient la silhouette, elle s'introduit dans des pantalons noirs trois tailles en dessous de la sienne et dans des chemisiers serrés qui épousent les bourrelets de son ventre. En général, son décolleté fait pigeonner ses seins généreux, qu'elle appelle ses atouts majeurs et qui bougent lorsqu'elle marche comme un flan qu'on secoue. Ma tante Lorraine ne peut pas s'empêcher de révéler qu'elle porte des vêtements, des sous-vêtements et du maquillage onéreux mais qu'elle les a payés une misère parce qu'elle connaît toutes les combines : magasins d'usines, collègues dont le mari travaille chez un grand couturier, solderies d'articles dégriffés, vieilleries trouvées dans des vide-greniers ou enchères bien conduites sur internet. De sorte que, persuadée de représenter un modèle d'élégance hors de prix, elle est toujours très mal fagotée pour trois francs six sous. De surcroît elle se fait teindre les cheveux en beige clair et porte un incroyable attirail de gros bijoux en plastique imitant les pierres précieuses de façon trop grossière pour qu'on s'y laisse prendre. Mais surtout, elle croit suivre en permanence un régime amincissant révolutionnaire, et selon les saisons elle prétend ne manger que des protéines, ou surtout de l'ananas, ou un riz spécial censé faire fondre les graisses. En pratique, pour ce que j'en ai vu dans les réunions de famille, elle mange tout ce qu'on lui sert, critique la sauce de la viande, la crème du fromage blanc et la chantilly du dessert, mais en reprend toujours un peu pour vérifier que les lipides ne sont pas des poisons fulgurants. En outre, elle grignote entre les repas des biscuits au miel, des bonbons aux amandes, des chocolats qui ne font pas grossir, des barres de céréales diététiques et des pâtisseries légères qu'une collègue lui a recommandées pour prévenir les fringales. Chaque année elle s'offre une cure thermale destinée à lui faire perdre du poids, mais elle en revient identique à elle-même. Il paraît que, durant ses cures, elle cherche surtout à oublier ses déboires conjugaux et profite de l'occasion pour se faire sauter par des voyageurs de commerce. C'est un client de mon père, propriétaire d'une boîte de nuit à Saint-Amand-les-Aix, qui le lui a rapporté dans ces termes. Mais mon père m'a interdit d'en parler à ma tante Lorraine parce que nous ne sommes pas censés le savoir, je n'ai donc pas pu la questionner et n'en sais pas davantage sur ses activités de curiste.

Pendant des années ma tante Lorraine a essayé de nous faire croire que mon cousin Gérald, son fils, était hétérosexuel. Elle parlait des compagnons successifs de celui-ci comme s'il s'agissait de jeunes filles, en employant des formules comme « cette jeune personne » qui permettent d'accorder les adjectifs au féminin. Ainsi, mon cousin Gérald partait en vacances à Mykonos avec une jeune personne brune, gentille et belle. Soucieuse de sa descendance, ma grand-mère Marguerite lui demandait si cette personne pleine de qualités voulait des enfants et si elle avait l'intention de rester au foyer ou si au contraire elle comptait travailler et les confier à une crèche. Et pendant ce temps-là ma tante Solange rabrouait mon père qui lui chuchotait en aparté que la jeune personne en question devait s'appeler Antoine ou Timothée. C'est tout de même curieux que ma tante Lorraine, qui n'est pas très intelligente mais tout de même pas complètement imbécile, ait cru pouvoir donner indéfiniment le change à toute une famille. Naturellement, mon cousin Gérald a peu à peu officialisé son homosexualité et invité à Sainte-Foy-Laval des garçons de son âge, que ma grand-mère Marguerite s'est longtemps obstinée à prendre pour ses collègues de travail. Le jour où ma tante Lorraine lui a révélé que mon cousin Gérald était gay, elle s'est effondrée comme si on lui avait annoncé un cancer inguérissable. On aurait dit que cela lui faisait plus honte que l'inceste entre son oncle Octave et sa tante Hortense. De dépit, elle a subitement décrété que le bouleau planté pour la naissance de mon cousin en mille neuf cent soixante-douze faisait trop d'ombre, et l'a fait abattre. Dans la foulée, elle a envisagé de faire tronçonner le chêne planté pour ma propre naissance, trois ans auparavant, parce qu'elle le disait malade. Il avait fallu une intervention autoritaire de mon père pour qu'elle renonce à ce projet, dont la symbolique m'aurait échappé si mon père ne me l'avait pas explicitée. En revanche, ma grand-mère n'a jamais parlé de faire couper le cerisier planté pour la naissance de ma cousine Marie, en mille neuf cent soixante-deux, ni l'abricotier qui commémore la naissance de ma cousine Christelle en mille neuf cent soixante-quatre. Dans ma famille, il me semble que les hommes ont toujours eu moins beau rôle que les femmes. J'ajoute que ma grand-mère Marguerite n'a jamais manqué de préciser, lorsqu'elle servait un clafoutis ou une tarte, qu'elle les avait confectionnés avec « les cerises de Marie » ou « les abricots de Christelle », et chacun était tenu de s'en extasier.

Lorsqu'elle séjourne dans sa maisonnette à Giens, ma tante Lorraine téléphone tous les jours pour dire qu'elle a beau temps, qu'il fait tellement chaud que toute la presqu'île se languit de la pluie, et qu'elle-même s'est encore baignée pendant deux heures la veille dans une eau à vingt-quatre degrés. Si mon père s'étonne de telles températures en novembre, ou si ma grand-mère Marguerite objecte que le dernier bulletin météo lance un avis d'alerte sur la côte varoise en raison de grands vents et de pluies diluviennes, ma tante Lorraine reconnaît qu'à Hyères le temps est épouvantable et qu'au Lavandou il pleut à seaux, mais nous assure qu'à Giens, et particulièrement sur la crique où elle habite, un microclimat préserve de ces intempéries. On entend dans le téléphone l'averse gifler la toiture de son cabanon qu'elle se décrit encore comme avachie sur un transat sous un cagnard terrible. De même, elle clame à tous les vents qu'elle adore les animaux, ce qui crée entre elle et moi un inépuisable sujet de querelles. Elle possède une chatte qui pèse quinze kilos et dont le ventre traîne par terre, tant elle la gave d'aliments riches en acides gras, pour la plupart saturés. Elle l'a baptisée Clitoris parce que, dit-elle, elle aime les caresses, ce qui fait rire mon père mais offusquait ma grand-mère Marguerite. Dénaturée par son régime et sa vie en appartement, cette pauvre bête ne sait même plus descendre des arbres ni chasser les souris, de sorte que lorsque ma tante Lorraine l'amène au jardin de Sainte-Foy-Laval, elle la laisse enfermée dans une cage en osier où elle miaule sur un ton pathétique.

Souvent j'ai essayé de démontrer à ma tante que l'amour des animaux commence par le respect de leur mode de vie, et qu'elle s'honorerait de laisser Clitoris explorer le jardin. Mais elle rappelle systématiquement qu'un jour, sa chatte a grimpé dans le cèdre de Monsieur Beccaria, le voisin de gauche, et qu'il a fallu appeler les pompiers avec la grande échelle pour lui porter secours car elle ne savait pas en descendre. La seule fois où j'ai ouvert subrepticement la trappe de la cage, Clitoris est partie en balade aux alentours et a disparu pendant deux heures avant de revenir d'elle-même engloutir sa ration de pâtée. Mais pendant son escapade, j'ai cru que ma tante Lorraine allait me défoncer le crâne tellement la rage la mettait hors d'elle. Je me souviens qu'elle m'a traité de barjot, d'arriéré, de mongolien, et même de schizophrène alors que le professeur Urs Weiss a bien précisé que mon cas n'avait aucun rapport avec ce genre de maladies chromosomiques ou mentales. Plus j'essayais de le lui expliquer, plus elle s'époumonait et me menaçait avec ce qui lui tombait sous la main, la pelle à tarte, le journal roulé en gourdin, et même une bouteille. Il a fallu que mon père s'interpose, promette à ma tante Lorraine de lui offrir un nouveau Clitoris au cas où elle ne retrouverait pas le sien, malgré quoi elle m'en veut encore de cette initiative qui aurait pu sauver sa chatte du diabète et de l'artériosclérose. De toute façon nous ne nous entendons pas du tout, mes tantes et moi, sur la question de l'amour pour les animaux. J'ai essayé de leur démontrer en quoi la corrida témoigne d'un immense respect envers les bovidés, mais toutes les deux, ma tante Solange aussi bien que ma tante Lorraine, ont aussitôt évoqué la vie des taureaux comme une valeur sacrée, quasiment la pierre angulaire de leur système philosophique, et elles m'ont accusé des pires déviances morales. J'ai pourtant essayé avec patience de leur faire valoir qu'elles mangent du bœuf et du veau, ce qui suppose qu'elles n'éprouvent aucune pitié pour les vaches dont on tue la progéniture, ni pour les bovins adultes ou jeunes qu'on emmène se faire tirer une balle dans le front à bout portant, sans leur donner la moindre chance d'en réchapper. Alors que le taureau de combat, élevé comme un pacha, vient jouer son destin dans la gloire des arènes face à un homme objectivement moins armé que lui, défend avec plus ou moins de courage sa peau, et peut en réchapper s'il montre assez de bravoure. S'ouvre alors devant lui une vie de roi, bonne chère et saillies sans restriction : entre l'arène et les abattoirs il est facile de déterminer où se trouve le lieu de la cruauté, et je me demande encore comment font mes tantes pour ne pas s'en rendre compte. Je n'ai d'ailleurs pas davantage réussi à les convaincre de l'obscénité que représentent les animaux de compagnie en Occident, chiens, chats et hamsters auxquels on impose tous les sévices de la captivité et pour lesquels on dépense des fortunes en nourriture et en soins vétérinaires, alors qu'une humanité miséreuse crie famine dans les squares et sous les ponts de nos grandes villes. Quand je rappelle que la Société Protectrice des Animaux a été créée un an avant l'abolition de l'esclavage en France, aberration que je tiens de mon grand-père André, ma tante Lorraine m'accuse de vouloir posséder un esclave plutôt qu'un animal de compagnie, preuve de l'incroyable fausseté de son jugement. Bien entendu ma grand-mère Marguerite me soupçonnait aussi de vouloir du mal aux animaux, alors que j'observe un régime végétarien dont la sauce bolognaise représente la seule dérogation. Quant à ma tante Solange, emportée par son militantisme catholique, elle assure qu'il faut aimer les animaux comme les humains, et que le partage lui convient tel qu'il est. J'imagine qu'elle s'entendrait mieux avec un Kalt abonné à *Chrétiens d'aujourd'hui* qu'avec El Juli ou Curro Romero. En outre, soucieuse du confort digestif des oies, elle s'interdit le foie gras.

Il m'est particulièrement insupportable d'entendre la dame Vauquelin affirmer que « Marguerite », ici même proclamée catholique et femme de gauche, représentait un modèle de tolérance et d'humanisme. J'avais vingt-quatre ans quand ma cousine Christelle a présenté à la famille son chéri Imre, un Hongrois dont ma grand-mère a dit pis que pendre malgré ses immenses qualités. Dès qu'elle avait eu connaissance de la nationalité de cet homme, et avant même de le rencontrer, elle avait tenu des propos très malsonnants sur les gens de l'Est, selon elle tous buveurs, violents et sans scrupule, prêts à toutes les forfaitures pour séduire des filles de chez nous, les épouser pour devenir français, puis s'enfuir en emportant la caisse et les enfants. Elle en détenait la preuve grâce au cas emblématique de la fille Morand, une famille voisine de Sainte-Foy-Laval : la pauvrette s'était laissé charmer par les beaux discours d'un Tchécoslovaque ou d'un Serbo-croate qui travaillait comme grutier et gagnait bien sa vie. Sauf qu'à peine mariée, elle avait découvert qu'il engloutissait la moitié de sa paye dans le tiercé, buvait l'autre moitié pour affûter ses intuitions de parieur, et laissait libre cours à sa violence quand il rentrait saoul. Bien entendu il lui avait fait un enfant. Persuadé qu'elle l'avait conçu avec un autre, il refusait de s'en occuper, et la fille Morand s'était peu à peu éteinte dans un rôle de souillon. Elle faisait des ménages pour boucler les fins de mois, prenait de bonnes raclées trois ou quatre soirs par semaine, élevait à la va-comme-je-te-pousse le marmot qui a mal tourné à l'adolescence, et parvenue à l'âge de cinquante ans, elle vivait dans la misère et la hantise de retrouver ses hommes à la rubrique faits divers du journal local. Ma tante Solange a bien essayé, à plusieurs reprises, de faire valoir que non seulement le mari de la fille Morand n'était parti ni avec la caisse ni avec l'enfant, mais encore que beaucoup de Français improprement dits de souche abusent d'alcool et préfèrent participer à l'amélioration de la race chevaline qu'au progrès de la condition féminine, mais rien n'y a fait : ma grand-mère Marguerite n'a jamais abandonné ses a priori sur les gars de l'Est. Je me souviens très bien de l'arrivée d'Imre dans la famille : il parlait tellement mal le français qu'il aurait été incapable de battre un enfant de dix ans au scrabble, mais il se montrait poli, généreux et attentionné. Il avait offert à ma grand-mère un énorme bouquet de roses qu'elle avait accepté en maugréant contre cette dépense inutile puisqu'il y avait des rosiers plein le jardin. Puis, le regardant d'un air suspicieux, elle l'avait assommé de questions sur la mentalité hongroise. Non seulement elle voulait à tout prix savoir si les Hongrois consommaient beaucoup de gnôle et s'ils se passionnaient pour les jeux d'argent, mais elle lui demandait aussi, elle qui n'éprouvait aucun remords d'avoir tué à petit feu mon grand-père Adrien, s'il leur arrivait souvent d'assassiner leur conjoint. Autant de questions auxquelles Imre essayait de répondre de son mieux, en promettant de faire des recherches sur les statistiques médicales ou criminologiques de son pays. Ingénieur en mécanique à Budapest, il avait choisi de filer à l'Ouest juste avant la chute du Mur de Berlin et l'ouverture des frontières, laissant derrière lui une femme avec qui il ne s'entendait plus et deux enfants en bas âge. Il ne s'en cachait pas, et ne projetait pas d'épouser ma cousine Christelle, mais ma grand-mère Marguerite l'avait aussitôt considéré comme bigame, et à ce titre assez proche du proxénétisme, donc du grand banditisme, en l'occurrence international, ce qui alimentait ses soupçons d'avoir affaire à un mafieux. En outre, comme son diplôme d'ingénieur n'avait pas été reconnu en France, il était devenu technicien ascensoriste, et, avec vaillance et intégrité, prenait des gardes plus souvent qu'à son tour pour pouvoir envoyer de l'argent à sa femme en Hongrie sans compromettre le niveau de vie de ma cousine. Mais bien entendu, ma grand-mère avait aussitôt flairé qu'elle avait affaire à un mythomane, et mis la famille en garde contre les mensonges d'Imre, ingénieur comme elle était papesse. Par ailleurs, Imre prétendait avoir été violoniste du rang dans une petite philharmonie de Budapest. Trouvant là un moyen facile de vérifier la sincérité de ses dires, ma grand-mère lui avait demandé de jouer *Ma Pomme,* qu'il n'avait jamais entendue, et *La Vie en rose,* dont il avait une vague réminiscence en tête et qu'il avait massacrée comme il avait pu. S'en était suivi un verdict définitif: Imre pourrait désormais lui jouer la grande chaconne de Bach ou les *Caprices* de Paganini, il n'était pas plus musicien qu'ingénieur, et bluffait comme tous les Slaves qui veulent embobiner des filles de chez nous. Ma tante Solange avait beau protester, invoquer Jaurès, Blum et les Droits de l'homme, rappeler que les Hongrois ne sont pas slaves et que la musique baroque vaut bien la chansonnette française, impossible de faire changer d'avis ma grand-mère, qui n'a jamais accordé ni estime ni confiance aux pièces rapportées, surtout étrangères. Pourtant Imre méritait un meilleur accueil: non seulement il portait à ma cousine Christelle une affection pleine de sollicitude et de générosité, mais il partageait avec moi un intérêt pour la technologie qui nourrissait nos apartés, lors des réunions de famille. Alors que toute la parentèle dénonçait le matraquage fiscal frappant la classe moyenne, ou jacassait à propos des malheurs de telle ou telle célébrité, Imre et moi reprenions sans nous lasser notre réflexion sur le formidable accident aérien du vol United Airlines 811 du vingt-quatre février mille neuf cent quatre-vingt-neuf. L'appareil, un Boeing 747-122 enregistré sous le numéro 4713U, décollait de Honolulu pour rejoindre Sydney, avec une escale à Auckland. Alors qu'il atteignait vingt-deux mille pieds, soit plus de sept mille mètres, la porte de soute R5 s'est violemment détachée, emportant avec elle une partie de la carlingue. Cinq rangées de sièges avaient été aspirées dans le vide, offrant à neuf passagers le long frisson d'une chute mortelle mais totalement libre. Aussi incroyable que cela paraisse, malgré une brèche énorme dans le fuselage, un réacteur défaillant et un autre en feu, le pilote avait réussi à poser l'appareil, à actionner les toboggans, et à faire évacuer l'avion en une minute trente. On a imputé l'accident au fait que la porte de soute avait été mal verrouillée par le personnel au sol. Mais parmi les passagers disparus se trouvait un certain Lee Campbell, un Néo-Zélandais dont les parents ont ensuite remis en cause cette version officielle et exigé des investigations complémentaires. Il se trouve que deux ans plus tôt, un appareil de la même série avait eu le même problème au décollage à Londres Heathrow, et qu'en mille neuf cent quatre-vingt-onze, sur l'aéroport John-Fitzgerald-Kennedy à New York, un autre Jumbo Jet allait être victime d'un incident analogue, mais sans victime dans ces deux cas. Apparemment, c'est le système de verrouillage qui était structurellement défectueux et Boeing a dû le changer sur tous ses avions. Ce qui nous passionnait, Imre et moi, c'est qu'il avait lu une étude très fouillée sur cette catastrophe dans une revue d'ingénieur, et pouvait me donner des détails très précis sur la résistance des matériaux employés, les défaillances du système électrique, les techniques d'enquête et finalement les retombées de celle-ci, jusque dans le domaine de la fabrication des ascenseurs. Il a fallu plusieurs années d'un travail de bénédictin avant qu'on propose de faire ouvrir les portes de soute vers l'intérieur, afin d'empêcher le problème de se reproduire en cas de déverrouillage en vol. C'est à mes yeux la preuve que les problèmes aéronautiques, largement aussi complexes que les difficultés sentimentales, peuvent trouver grâce à la réflexion des solutions pertinentes, alors qu'on peut chercher longtemps un raisonnement logique permettant de prévenir l'apparition de la discorde au sein d'un couple. Ceci explique sans doute pourquoi le divorce est si fréquent, et les catastrophes aériennes si rares en comparaison. De surcroît, parmi les qualités humaines d'Imre, je me rappelle qu'il a accepté pendant plusieurs années de jouer au petit bac contre moi, en dépit de scores qui auraient logiquement dû le dissuader d'insister. Plus d'une fois j'ai réussi à lui faire accepter la catégorie des célébrités ayant les initiales du bonheur, dont ma liste est complète et sur laquelle je suis imbattable : Alphonse Allais, homme de Lettres ; Berthold Brecht, dramaturge ; Camille Claudel, sculptrice ; Denis Diderot, homme de Lettres ; Étienne Exbrayat, sculpteur (Loire) ; François Fillon, homme politique ; Gérard Garouste, peintre ; Hubert Humphrey, vice-président des États-Unis (1965-1969) ; Isidore Isou, homme de Lettres ; James Joyce, homme de Lettres ; Kevin Keegan, footballeur ; Louis Lambert, personnage ; Marc Minkowski, compositeur ;

Nicole Notat, syndicaliste ; Olivier Orban, éditeur ; Pierre Perret, chanteur ; Quinto Quito, humoriste (Équateur) ; Robert Redford, acteur ; Susan Sontag, essayiste ; Tristan Thomson, basketteur (Canada), Ugueth Urbina, joueur de baseball (Venezuela) ; Vincent Viné, psychologue ; William Walker, aventurier (États-Unis) ; Xian Xinghai, compositeur ; Yves Yersin, cinéaste ; Zinedine Zidane, footballeur.

D'après mon père, Imre péchait surtout par excès de gentillesse et par aveuglement amoureux. Il a mis presque dix ans à s'apercevoir que ma cousine Christelle abusait sans vergogne de sa bonté, alors que même moi je le subodorais malgré mon asociognosie. Lorsque ma tante Solange devait se rendre à l'aéroport pour cinq heures du matin, c'était toujours son tour de l'emmener, d'autant qu'il se faisait un devoir de revenir avec des croissants avant de repartir au travail. Si, pour son plus grand malheur, il était de repos un samedi, ma cousine Christelle trouvait mille raisons de se faire emmener dans des magasins-hangars au bout de la banlieue, officiellement pour prendre des renseignements sur les canapés ou les armoires de salle de bain ou les tables de salle à manger. Une fois sur place, elle réussissait chaque fois à le convaincre d'acheter le meuble qui se trouvait providentiellement en promotion ce jour-là et qu'on ne retrouverait jamais à ce tarif. Après quoi il lui fallait installer leur achat dans ou sur la voiture, appeler parfois un collègue à la rescousse pour le porter dans l'escalier, puis descendre les emballages à la poubelle ou les emporter à la déchetterie, procéder au montage, nettoyer son chantier, et lorsqu'il avait enfin fini, ma cousine Christelle faisait simplement remarquer avec humeur qu'il avait éraflé une partie peu visible du meuble, ou qu'il avait mis trop longtemps à l'installer, et que pour se faire pardonner de l'avoir fait autant poireauter il pourrait avoir au moins la courtoisie de l'inviter au restaurant. Il faut préciser qu'elle avait l'art de se faire inviter au restaurant pour un oui ou pour un non : pas seulement pour son anniversaire, sa fête, l'anniversaire de leur rencontre, la fête des secrétaires, la Journée de la femme ou la Saint-Valentin, mais lorsqu'elle avait lu une critique gastronomique enthousiaste, ou entendu parler d'une nouvelle table branchée, ou simplement quand une contrariété lui donnait le droit moral de ne pas cuisiner. Elle réussissait même à faire payer par Imre l'addition lorsqu'elle l'invitait à fêter son anniversaire ou sa fête à lui. Dans la même veine, si d'aventure elle avait remarqué un vêtement de prix ou un beau bijou, elle s'arrangeait pour attirer Imre jusqu'à la boutique afin qu'il mesure ce qu'il lui fallait de stoïcisme pour résister à la tentation de s'offrir une si belle pièce. Alors, à coup sûr, Imre se mettait en quatre pour acquérir celle-ci et la lui offrir à la première occasion. S'il offrait une robe, elle battait des bras, le couvrait de baisers et de caresses puériles, puis faisait observer que si elle pouvait espérer porter un jour la robe avec le collier qu'elle lui avait montré dans une autre boutique, elle connaîtrait le bonheur de l'élégance parfaite. Bien entendu, le collier appelait les escarpins, qui n'allaient pas sans un beau manteau, que personne n'aurait porté sans une étole en cachemire, et Imre passait ses dimanches et ses jours fériés à aller délivrer des gens coincés dans des ascenseurs pour financer l'intarissable flot de ces caprices. Pour les dépenses courantes, ma cousine Christelle ne le laissait pas davantage en reste, grâce à un stratagème éprouvé : elle ne disposait jamais de monnaie, de tickets de bus ni de timbres-poste, si bien qu'elle devait sans cesse taper Imre de sommes dérisoires et jamais rendues. Malheur à lui s'il s'autorisait une moue ou une seconde d'hésitation avant d'ouvrir son portefeuille, ou s'il finissait par demander remboursement : elle ne se privait pas de lui faire remarquer la pingrerie d'une telle attitude et affirmait qu'elle ne se serait jamais abaissée, en sens inverse, à quémander la restitution d'une obole aussi légère. Si elle ne se retrouvait jamais en situation de prêteuse, c'est simplement qu'elle ne pensait pas à se munir de monnaie, de tickets de bus ou de timbres, étourderie bien pardonnable chez une femme travaillant à plein-temps. Et ainsi, déchargée des tâches fatigantes et des dépenses ingrates, elle conservait une jeunesse vive et souriante, occupée d'emplettes, de soins esthétiques et de décoration intérieure. Pour autant, elle a toujours consacré beaucoup d'énergie à se plaindre : de la chaleur en été et du froid en hiver, de la pluie les week-ends et de la pluie les jours ouvrables, du bruit en ville et du silence à la campagne, de la bêtise des gens, de l'incompétence des hommes politiques et de la méchanceté des patrons. Par ailleurs, il n'est pas rare qu'elle arrive à un repas de famille en ayant mal au dos et qu'elle reparte en ayant mal au ventre, après avoir eu, dans l'intervalle, mal à la tête, aux pieds et aux dents. Comme la plupart des antalgiques lui détraquent l'estomac, elle hésite à se soigner et son entourage doit subir ses indispositions dans un pénible sentiment d'impuissance.

Ma cousine Christelle est presque aussi belle que Sophie Sylvestre-Lachenal, et je suis sûr qu'elle aurait pu devenir comédienne si elle avait été capable d'apprendre un rôle. Mais elle reconnaît elle-même avoir une mémoire de poisson rouge, et ne retient guère que des informations inutiles comme le menu des repas de famille, la météo du lendemain et le prix des chaussures. Quand ma grand-mère Marguerite lui racontait un épisode important de la vie familiale, elle mélangeait tout, perdait pied toujours au même endroit, et reposait les mêmes questions la fois suivante. Avec moi elle fait la gentille, s'enquiert de mes derniers scores de scrabble et me demande si j'avance dans mes enquêtes aéronautiques, mais je sens bien qu'elle s'y astreint par acquit de conscience, et mon père m'a souvent fait observer qu'elle y glissait une pointe de goguenardise. En pratique, il m'est impossible de discuter avec elle, toujours affable et souriante mais terriblement habile à esquiver les sujets importants pour ne parler que de ses propres centres d'intérêt, parmi lesquels les futilités côtoient les idéaux politiques les plus nobles. Depuis qu'elle a vingt ans, ma cousine Christelle travaille comme secrétaire dans une entreprise de recyclage de cartouches d'encre, ce qui suffit à sa bonne conscience écologique et l'autorise à passer chaque matin une heure sous la douche ou à prendre sa voiture pour aller acheter le pain. Elle tire gloire de n'avoir jamais, en trente ans de vie professionnelle, accordé une minute de présence supplémentaire à son employeur, fût-ce par inadvertance. En outre, d'après mon père, elle consacre une part non négligeable de son temps de travail à étudier le calendrier pour poser ses congés au laser et ne rater aucun pont, ou à éplucher la littérature syndicale sur les avantages statutaires, afin de ne laisser passer aucune occasion de gratter trois sous. Ainsi, au début de leur relation, quand Imre l'avait régalée plusieurs fois au restaurant, elle finissait par l'inviter en retour à *Holiday on Ice* ou au ballet du Bolchoï, spectacles pour lesquels le comité d'entreprise proposait des remises considérables. Imre se devait alors de lui adresser des marques appuyées de gratitude et à se montrer follement ému par cette attention bon marché mais témoignant d'une réelle volonté de faire plaisir. Hélas, comme il n'avait aucune inclination pour le patin à glace ou la danse, ma cousine Christelle perçut bientôt de l'artifice dans ses remerciements, et ferma le robinet de ses largesses. Elle profita de l'occasion pour élaborer une théorie selon laquelle Imre savait donner mais pas recevoir, ce qui aurait pu la placer dans une inconfortable situation de dette imaginaire si la page psycho de ses magazines ne l'avait pas prévenue contre ce péril. Au bout de deux ans de vie commune, elle avait donc établi une fois pour toutes la répartition des rôles dans leur couple : il revenait à Imre de payer des cadeaux et à elle-même de les recevoir, et il était tacitement convenu que ce contrat moral donnait pleine satisfaction aux deux parties.

Tout n'allait pas au mieux pour autant : d'après mon père, qui le tient de ma tante Solange, Imre avait l'outrecuidance de ne pas vouloir d'enfants avec ma cousine Christelle. Il se reprochait d'en avoir laissé deux en Hongrie et ne voulait pas ajouter à leur chagrin de grandir sans père l'amertume de se savoir des frères et sœurs plus chanceux. Offusquée par cette dérobade, ma cousine Christelle avait menacé de rompre et obtenu gain de cause : János, qui a tout à l'heure débité sans reprendre sa respiration la tirade de l'Ecclésiaste, est né en mille neuf cent quatre-vingt-dix-huit, et sa sœur Szuszá en deux mille. C'est dans ces années que le climat s'est alourdi entre ma cousine Christelle et Imre. Mis en demeure d'acheter une voiture cossue pour transporter leur nichée en sécurité, de louer un grand appartement pour que chaque enfant ait sa chambre, et d'acquérir du matériel de puériculture pour faciliter la vie de la jeune maman, Imre se consumait d'inquiétude pour son budget et perdait sa belle sérénité. Il me devenait presque impossible de discuter avec lui de catastrophes aériennes, tant son couple et ses enfants obstruaient son horizon. Pendant la deuxième grossesse de ma cousine Christelle, il commit l'erreur, fatale d'après mon père, d'aller passer une semaine avec sa première famille en Hongrie. Considéré par ma cousine Christelle comme traître à ses devoirs de futur père, il n'a jamais retrouvé sa place chez lui : à compter de cette escapade, ma cousine a commencé à se vanter de se faire courtiser par des clients, son patron, ou même des inconnus qui lui glissaient, assorti d'un commentaire élogieux sur sa plastique, leur numéro de portable sous un essuie-glace. Elle se rapprocha beaucoup d'une amie d'enfance qu'elle fréquentait jusqu'alors de loin en loin, et toutes deux multiplièrent les occasions de sorties, concerts, dîners entre filles ou vernissages s'éternisant jusque tard dans la nuit. Lorsqu'Imre s'en agaçait, elle stigmatisait son manque d'humour et de confiance, qu'elle assimilait à un délire paranoïaque de jalousie, et finissait toujours par conclure qu'il aurait dû savourer son bonheur d'être élu par une femme accorte et convoitée. Les deux dernières années avant leur séparation, Imre a manifestement commencé à douter de sa chance, et malgré mon déficit de cognitions sociales, je percevais bien qu'un souci nouveau le taraudait. Chaque fois qu'il essayait d'intéresser ma cousine Christelle aux techniques de câblerie ou aux suites pour violon de Bach, elle le rabrouait avec humeur, prétendait que ce genre de questions n'intéressait personne en dehors d'une poignée d'ascensoristes mélomanes, et essayait de ramener la discussion sur la cuisinière à induction dont tout chef de famille scrupuleux se doit d'équiper sa maison, ou sur les nouvelles couleurs de la mode. Par ailleurs, il lui arrivait de plus en plus souvent d'aborder des sujets parfaitement inattendus, comme la pêche à la mouche ou le tir à l'arc. Si on s'étonnait de cet engouement soudain pour une question aussi éloignée de ses intérêts habituels, on finissait par apprendre qu'un bon client de sa société de recyclage de cartouches d'encre possédait un terrain en bord de rivière, ou qu'un représentant en consommables de bureau avait été sacré vice-champion régional de tir à vingt-cinq mètres. Sans doute meilleurs conteurs qu'Imre, ils avaient su la sensibiliser aux charmes de leur discipline, et elle laissait entendre qu'elle possédait dans ces domaines un corpus de connaissances dont elle refusait de faire étalage, sans doute pour ne pas paraître pédante. Je pense qu'Imre a fini par perdre toute joie de vivre pour partir si vite à Londres quand Szuszá avait trois ans, sans même venir me dire au revoir ni me donner d'adresse. Comme je n'avais pas encore internet en deux mille trois, j'ai perdu sa trace pendant plusieurs années avant de pouvoir le recontacter par courriel. Nous échangeons maintenant des nouvelles chaque mois, il va beaucoup mieux et je suis soulagé de constater qu'il a retrouvé toute sa verve lorsqu'il parle d'ingénierie mécanique. Il vit avec une métisse d'origine coréenne qui a déjà des enfants de précédentes unions, ils en ont eu un ensemble et je crois qu'ils sont très heureux. En tout cas, j'estime qu'il a eu raison de ne pas faire le voyage pour assister aux funérailles de ma grand-mère Marguerite, qui ne l'a jamais apprécié mais qui a eu le culot de prétendre qu'elle regrettait sa désertion lorsqu'il a quitté ma cousine Christelle.

Depuis bientôt quinze ans, le directeur de ma cousine Christelle est un certain Monsieur Boulet, dont elle a longtemps dit qu'il portait bien son nom, ce qui faisait s'esclaffer ma tante Lorraine. Du temps qu'elle était en couple avec Imre, elle raillait le mauvais goût et les avances maladroites de ce parvenu qui l'invitait dans les loges au stade de foot ou aux compétitions de karting, sports dont il s'était entiché. Une fois Imre parti, elle a cessé de le couvrir de quolibets et de pouffer quand ma tante Lorraine lui demandait des nouvelles de Monsieur-Boulet-qui-porte-bien-son-nom, et nous avons fini par apprendre qu'elle avait une liaison avec lui. Comme ce nouveau compagnon brasse beaucoup d'argent, elle porte des vêtements de plus grand prix et de plus lourds bijoux. En retour, il lui faut passer ses dimanches à suivre des compétitions sportives et faire mine de trouver dans le karting une mine d'émotions raffinées. Ce revirement m'intrigue d'autant plus que ma cousine Christelle ne manque jamais une occasion de rappeler qu'elle vote à l'extrême gauche et milite pour un syndicat très sourcilleux quant à la défense du monde ouvrier, dont elle estime faire partie malgré ses horaires de col blanc et un poste de travail qui la tient éloignée du cambouis, en l'occurrence dénommé toner. Lorsqu'elle parlait avec ma grand-mère Marguerite de François Mitterrand, c'était pour regretter le charme de ce président séducteur et cultivé, mais aussi pour dénoncer les dérives droitières du parti socialiste inféodé aux barons du grand capital. Elle en pinçait pour d'improbables groupuscules trotsko-maoïstes et, jusqu'à la quarantaine, rêvait d'une vraie révolution, généreuse pour le peuple et impitoyable envers les élites. Ma cousine Christelle a mis un peu d'eau dans son vin mais défend aujourd'hui encore les principes de redistribution, de progressivité de l'impôt et de protection des travailleurs, si fougueusement qu'il lui arrive de se disputer avec ma tante Lorraine ou avec mon père. Mais lorsqu'elle doit faire intervenir chez elle un plombier ou un menuisier, elle s'arrange toujours pour embaucher au noir un chômeur ou un sans-papiers, parce qu'ils ne comptent pas leurs efforts et ne discutent ni leurs prix ni leurs horaires. À plusieurs reprises j'ai essayé de la questionner sur l'écart entre ses valeurs politiques et son action personnelle, mais chaque fois elle m'a rembarré en affirmant péremptoirement que je n'y comprenais rien. Elle se trompe car je me représente très bien le lien entre les cotisations sociales et le système de protection des travailleurs. Par ailleurs, je l'ai entendue dire à sa sœur Marie qu'elle continuait de militer au syndicat pour adresser à son compagnon un signal fort d'indépendance d'esprit, mais que pour le reste, entre le défilé du premier mai et la grasse matinée, son choix était vite fait. Je crois pouvoir déduire de ce propos sibyllin qu'elle préfère rester au lit.

Je connais beaucoup moins bien ma cousine Marie, qu'on voit peu car elle habite Nyon, près de Genève. C'est une femme difficile à cerner, en premier lieu parce qu'elle réussit la prouesse d'être belle sur toutes les photos alors qu'en réalité elle ressemble à une boule de cellulite, beaucoup plus grosse que ma tante Lorraine, et la plupart du temps renfrognée de visage. Mais surtout, il est très difficile de se faire une représentation de sa vie professionnelle.

Elle-même se dit correspondante d'un mandataire libanais qui lui a confié, malgré sa totale absence de qualification professionnelle, un bureau à Genève et des missions régulières à Luanda, Anvers et Dubaï. Apparemment son travail est très bien rémunéré puisqu'elle loue un appartement de grand standing ouvert sur le lac Léman, ne circule qu'en taxi et ne voyage qu'en première. Chaque fois que ma cousine Marie vient à une réunion de famille, elle offre des cadeaux somptueux qu'elle dit avoir payés trois sous dans des pays exotiques. Son parapluie signé d'un grand couturier vaut trois mois de ma pension d'handicapé, et il me faudrait contracter un prêt sur dix ans pour m'offrir la moindre de ses valises siglées. Elle n'a pas de compagnon régulier mais évoque sans rougir de nombreuses aventures avec des hommes de passage qu'elle appelle « des bites », lesquelles sont choisies pour apprécier les femmes bien en chair. Chaque fois que je l'ai questionnée sur la nature exacte de son travail de correspondante, elle a remis ses explications à plus tard et m'a invité à reprendre ma partie de scrabble. D'après mon grand-père André, vu l'écart entre son niveau de formation et son train de vie, elle devait surtout vendre une grande capacité de mutisme sur des commerces africains pas très avouables. La seule fois où je lui ai demandé si cette hypothèse était fondée, elle s'est fâchée très fort, a insinué que ma tête ne devait pas fonctionner très bien, et m'a paradoxalement conseillé de m'occuper de mon cul.

Bizarrement, ma cousine Marie et ma cousine Christelle s'entendent très bien, malgré leurs manières diamétralement opposées de penser le rapport entre l'individu et la société. Autant l'une vante la régulation, la bureaucratie et la planification, autant l'autre plaide pour le libéralisme sans entrave, l'abolition des taxes et l'absence de contrôles ; l'une tisse des relations de couple assez durables, l'autre multiplie les passades de célibataire ; l'une milite pour un syndicat de gauche que l'autre aimerait voir dissoudre. En toute logique, elles devraient s'éviter et même se haïr, ou tout au moins se désavouer l'une l'autre. Mais il faut croire une fois de plus que la logique intervient moins dans ce domaine qu'en physique newtonienne, parce que mes deux cousines s'apprécient au point de faire souvent bande à part lors des réunions de famille. Dans leurs discussions, ma cousine Marie peut plaider pour l'abolition de la Sécurité sociale, la retraite par capitalisation et la sélection du plus apte sans que ma cousine Christelle ne la contredise. En retour, il arrive que ma cousine Christelle présente à ma cousine Marie la fonction maternelle comme une condition *sine qua non* de l'épanouissement féminin sans que ma cousine Marie s'en offusque. Puis elles évoquent les derniers films qu'elles ont vus ou les chanteurs de variété qui ont bercé leur adolescence, et cela semble les souder mieux que toute convergence d'opinions. Ma cousine Marie m'étonne d'autant plus qu'elle peut dire beaucoup de mal de quelqu'un en son absence, et rester très cordiale en sa présence. Par exemple elle exprime souvent des sentiments de mépris envers ma tante Lorraine, qu'elle juge vulgaire et perfide, mais il lui arrive régulièrement d'aller la visiter lorsqu'elle est en cure, et de l'inviter dans des restaurants gastronomiques pour des dîners d'obèses bien décidées à le rester. De même, elle dit s'entendre mal avec ma tante Solange, mais elle peut dialoguer de longs moments avec elle comme si un pacte filial secret l'obligeait à jouer la comédie de la concorde. Avant que ma grand-mère Marguerite quitte sa maison pour finir sa vie en établissement d'hébergement pour personnes âgées dépendantes, mon père m'emmenait en visite à Sainte-Foy-Laval au moins une fois par mois, et je faisais de mon mieux pour me montrer amène et serviable. Ma cousine Marie, en revanche, ne venait qu'une ou deux fois l'an, toujours en coup de vent, parlant vite et fort pour créer une illusion d'euphorie souvent réussie, et filait sans avoir rien écouté ni vraiment pris de nouvelles. Malgré quoi ma grand-mère Marguerite estimait que c'était la plus dévouée de tous ses petits-enfants, et la trouvait particulièrement magnanime de venir depuis Nyon en Suisse pour lui faire trois bises, lui offrir du chocolat au lait et disparaître dans un tourbillon de fumée comme les génies des contes. Voilà pourquoi, si ma grand-mère Marguerite avait décidé de transmettre à sa descendance un objet chargé de sens familial, par exemple la chevalière de mon grand-père Adrien, ou une bague de sa mère héritée d'une aïeule née sous l'Empire, c'était toujours à ma cousine Marie qu'elle l'offrait. Comme il m'est arrivé, un jour, de le lui faire observer sans une once d'acrimonie, elle m'a traité de rapace et de cupide et m'a promis de ne jamais rien me donner puisque j'avais une mentalité vénale. Autant dire que ma cousine Marie, moralement comme physiquement, réussit à dissimuler des défauts pourtant criants. J'ignore sa méthode, et voudrais bien la connaître, car je suppose qu'elle me rendrait un peu plus habile et améliorerait mes relations avec Sophie Sylvestre-Lachenal.

Mes difficultés relationnelles sont bien documentées: quand j'avais vingt-deux ans, en mille neuf cent quatre-vingt-onze, le professeur Urs Weiss m'a reçu en personne à l'Institut zurichois de l'autisme, établissement qu'il dirige à Zurich. Des psychologues m'ont fait passer des tests pendant deux jours, dont il est ressorti des conclusions très éclairantes: selon le professeur Urs Weiss, je présente un fort décalage entre une intelligence cognitive exceptionnelle, comme en témoigne un quotient intellectuel évalué à cent cinquante et un, et une intelligence sociale très faible d'après les chiffres fournis par les tests qu'il a lui-même mis au point. Cela explique sans doute en grande partie mes réussites les plus triomphales et mes déboires les plus piteux: d'une part, sur ces quinze dernières années, passées à faire sans aucune tricherie quatre parties quotidiennes de scrabble, je n'ai fait que sept fois un score inférieur à huit cents et je dépasse la barre des mille points dans trente-sept pour cent des cas; mais d'autre part, j'arrive très peu à converser avec mes proches parents et pas du tout avec des gens extérieurs au cercle de la famille, à l'exception de Sophie Sylvestre-Lachenal qu'il m'est hélas interdit de contacter, en vertu d'une décision judiciaire dont l'aberrante iniquité me révolte. Mon père avait découvert l'existence de l'Institut zurichois de l'autisme grâce à un de ses clients, dont un fils rencontrait des difficultés analogues aux miennes. D'après mes parents, nous avons enfin pu identifier un mécanisme explicatif de mes difficultés et de mes succès, mais dans la famille tout le monde n'adhère pas à cette thèse. Ma grand-mère Marguerite était certaine que je simulais pour obtenir des avantages, à commencer par celui de suivre mes cours par correspondance, puis celui de me dispenser de gagner mon pain à la sueur de mon front comme doivent le faire les hommes qui se respectent. Mais comme elle manquait totalement de logique dans ses raisonnements, elle prétendait aussi que j'avais hérité des mauvais gènes de mon grand-père André, l'ingénieur, qui était certes largement aussi intelligent et original que moi, mais beaucoup plus doué en relations humaines. De son côté, ma tante Solange m'a toujours rabâché que ce diagnostic ne m'enlevait pas la liberté offerte par notre Créateur, et que syndrome d'Asperger ou pas, j'avais à prendre en main les rênes de ma vie et à répondre de mes actes. Quant à ma tante Lorraine, elle s'en tient à l'avis d'un de ses amis, psychanalyste lacanien selon qui l'intelligence cognitive ou sociale n'existe pas, et qui voit dans le récit de mes « symptômes » l'effet de la forclusion du nom du père, concept sur lequel il rédigerait depuis vingt ans une somme destinée à dissiper les malentendus qui en compromettent l'intelligibilité. Les autres membres de ma famille, en particulier mes cousines et mon cousin Gérald, s'en fichent éperdument et se sont parfois amusés à m'appeler « l'asperge » ou « l'aspergé », jusqu'à ce que je les menace de les égorger s'ils continuaient. Pour tout dire, je le regrette un peu mais sans cette manière forte ils n'auraient pas cessé de me tourmenter et je manque de gradation dans mes réponses. D'après le professeur Urs Weiss, mon atypie neurodéveloppementale explique très bien ce phénomène, et je ne suis pas seul dans ce cas : on l'observe même chez des hommes politiques atteints de formes minimes d'autisme, comme par exemple Monsieur George W. Bush en son temps, qui n'a pas pu se retenir d'agresser Monsieur Saddam Hussein pour des raisons fallacieuses.

Mon père a travaillé toute sa vie dans la banque, au début comme saute-ruisseau, puis comme guichetier, fondé de pouvoir, et, les dernières années, sous-directeur régional. Il a changé plusieurs fois de succursale, mais a passé une décennie dans celle de Sainte-Foy-Laval, ce qui lui vaut de connaître en détail les secrets de famille de la commune. Naturellement il n'a pas le droit de divulguer ce qu'il a appris dans l'exercice de son métier, et il fait de son mieux pour s'y tenir, mais il m'a dit savoir de source sûre que Monsieur Émile Franc a rédigé un testament en faveur de ma tante Lorraine et de son autre enfant illégitime né dans une famille d'Yzeran. Il faut dire que Monsieur Émile Franc était le plus gros patrimoine de l'agence, et qu'à l'époque où il est mort, en mille neuf cent soixante-dix-sept, mon père voyait passer tous les mouvements sur ses différents comptes et portefeuilles de titres. Monsieur Émile Franc a partagé sa part réservataire entre ses deux enfants nés hors mariage, ce qui représentait un joli magot même une fois réglés les frais de succession, d'où la colère de ses deux enfants légitimes qui se sentaient lésés par cette disposition. Mais le plus étrange de l'affaire, comme je l'ai su bien plus tard, c'est que ma tante Lorraine, alors âgée de trente ans, a nié *mordicus* avoir touché quoi que ce soit de Monsieur Franc, alors qu'elle achetait au vu et au su de la famille un cabanon à Giens, un appartement à la montagne et trois studios en région parisienne pour en tirer des revenus locatifs défiscalisés. Ma grand-mère Marguerite, qui n'a jamais toléré qu'on parle de sa relation avec Monsieur Émile Franc, a pris sans réserve le parti de ma tante Lorraine, et mon père n'a pas pu démontrer qu'elles mentaient, sous peine de se mettre en tort vis-à-vis du secret bancaire et de risquer sa place. J'étais alors un enfant, je ne comprenais pas grand-chose à ces histoires d'adultes, mais je me souviens d'atmosphères tendues sous la tonnelle de Sainte-Foy-Laval. Avec le recul, j'estime qu'il est plutôt élégant de la part de Monsieur Franc d'avoir légué à ses enfants adultérins plus que de l'ADN, et que ma tante Lorraine a eu bien raison de profiter de cet héritage inattendu. Mais je me demande pourquoi elle a cru bon, une fois de plus, de nier l'évidence et d'inventer qu'elle profitait de la générosité de Monsieur Jean-Luc Badin, son compagnon, qui aurait touché l'assurance vie d'une vieille tante fortunée. De surcroît, ni moi ni mon père ne comprenons pourquoi ma tante Lorraine refuse catégoriquement de nous inviter dans sa maison à la mer ou dans son appartement au ski, et même pourquoi elle n'y a jamais reçu qui que ce soit de la famille. D'une manière plus générale, ma tante Lorraine représente une énigme pour tous les Boyer : non seulement elle prétend avoir l'esprit de famille alors qu'elle se contente de profiter de ses proches, mais elle croit bichonner le chat qu'elle martyrise, pouvoir mincir en mangeant gras, et s'habiller chic avec des vêtements bon marché. En outre, elle voudrait ne plus avoir d'hématome tout en restant la compagne d'un homme violent. Même ma grand-mère Marguerite avait plus de cohérence.

C'est à mon grand-père André que je dois d'avoir l'esprit si cartésien. Durant toute sa vie il a travaillé comme ingénieur en bâtiment, et avait atteint un tel niveau de compétences qu'il était devenu expert en accidents de chantier. Quand un mur s'effondrait, quand une toiture crevait, on l'appelait, il prenait des mesures et ordonnait des analyses, de sorte qu'au bout de quelques semaines il pouvait déterminer si le béton avait été mal dosé, ou le ferraillage insuffisant, ou le calcul de prise au vent erroné. Mon grand-père André s'intéressait peu aux catastrophes aériennes, mais il m'a initié à sa méthodologie de savant internationalement reconnu, et il a guidé mes premiers pas lorsque j'ai commencé à écrire mes fiches sur les accidents qui ont jalonné l'histoire de l'aviation civile. Lui-même prenait régulièrement l'avion pour se rendre sur des chantiers lointains, au Maghreb ou au Moyen-Orient, et j'écoutais la radio pendant la durée de son voyage en tremblant qu'il ne lui arrive malheur. Je me rassurais partiellement quand les trois bulletins d'informations suivant l'heure théorique de son atterrissage ne signalaient aucun avion disparu des écrans radars ou retard anormal dans le trafic, mais en vérité je ne retrouvais ma quiétude qu'à son retour. J'aimais beaucoup mon grand-père André, et quand il a pris sa retraite, un an après que ma mère eut quitté mon père, j'ai pris l'habitude d'aller déjeuner chez lui trois fois par semaine. Nous passions des après-midi à résoudre ensemble des problèmes de thermodynamique, il m'apprenait à calculer la résistance des vis au cisaillement et à l'arrachement pour que je puisse poser mes étagères dans les règles de l'art, et surtout il me livrait une foule de réflexions nées de ses voyages, de ses lectures ou de ses découvertes fortuites. J'ai l'impression qu'il se donnait en permanence de la matière à penser, sur la transformation de l'énergie volcanique en électricité, le boson de Higgs, les trous noirs ou l'absorption de la terre par le soleil quand celui-ci deviendra une naine rouge, dans trois ou quatre milliards d'années, et qu'il se dilatera considérablement avant de s'éteindre à jamais. Bien entendu, un homme habité par ce genre de réflexions était difficile à attirer sur le terrain des frivolités qui passionnaient ma grand-mère Marguerite, mes tantes ou mes cousines, lesquelles l'ont toujours tenu pour un illuminé. Ma grand-mère Marguerite rabâchait volontiers deux ou trois anecdotes destinées à le ridiculiser, sans se rendre compte qu'elle ne sortait pas grandie de ce genre de médisances. Ainsi, elle évoquait le mariage de mes parents, en mille neuf cent soixante-neuf, au cours duquel elle avait été placée à côté de mon grand-père André. D'après elle, il l'avait bassinée durant tout le banquet avec des histoires de conquête spatiale, de rayonnement électromagnétique et de matériaux semi-conducteurs. Elle aurait voulu qu'il lui parle de ses amours avec ma grand-mère Violette, morte l'année précédente d'un cancer des os, ou de ma mère lorsqu'elle était enfant, ou de l'histoire de sa famille, mais il revenait sans cesse à la charge sur ses thèmes de prédilection truffés d'explications extrêmement techniques. Un savant, peut-être, mais d'après elle un insupportable professeur Nimbus, capable comme tous les savants de proférer des âneries plus grosses que lui : il avait mis en doute la fiabilité du Concorde, pourtant considéré comme l'avion le plus sûr du monde d'après *Paris-Match* ; il avait prétendu que le paquebot France, de loin le plus luxueux de tous, n'avait à terme aucun avenir touristique ni commercial, alors qu'elle-même rêvait d'y embarquer pour une croisière ; il avait prédit la fin des greffes cardiaques et l'avènement du cœur en plastique, prophétie dont on rirait encore longtemps. Un excentrique doublé d'un misanthrope qui n'aimait pas les vacances à la mer et qualifiait les plages d'écosystèmes hostiles à l'homme. Il poussait le bouchon jusqu'à affirmer que les centrales nucléaires produisent l'énergie la plus polluante alors que tout le monde sait que c'est le contraire, et à préconiser de passer ses vacances chez soi avec un bon livre, ou dans des villes à fort patrimoine culturel. Passer ses congés payés à la maison ou en ville plutôt qu'au bord de la mer, ricanait-elle, on aurait tout entendu ! Pour couronner le tout, il s'était montré si bavard qu'elle-même n'avait pas pu en placer une, faire la veuve ou fourguer ses salades sur le cousin Henri : voilà ce qu'elle s'était promis de ne jamais lui pardonner. Quand ma grand-mère Marguerite se lançait dans ce genre d'attaque, j'avais secrètement honte pour elle et faisais le dos rond jusqu'à ce qu'elle se fatigue. Je sais bien, moi, que mon grand-père André ne parlait pas de ma grand-mère Violette parce qu'il ne voulait pas pleurer devant la noce. Après sa mort, il n'a jamais voulu rencontrer d'autre femme tant il aimait la sienne que je n'ai connue qu'en photo, et qui était encore plus belle que ma mère. Même des années après, quand il me parlait d'elle, il ne pouvait retenir ses larmes. À l'âge de dix-neuf ans elle avait réussi haut la main le concours de Polytechnique et de Centrale, mais n'avait pas voulu intégrer d'école car elle était enceinte et préférait sa vie de famille à une carrière scientifique. Après la naissance de ma mère, ma grand-mère Violette a amèrement regretté qu'un problème de santé la prive d'autres enfants, mais n'a pas voulu reprendre pour autant ses études. D'après mon grand-père André, c'était fort dommage car elle brillait plus que lui en mathématiques, et avait des intuitions fulgurantes en physique, ce qui leur permettait de poursuivre un dialogue d'érudits tout en s'occupant de manière assez banale de leur maisonnée. Mon grand-père André espérait qu'une fois ma mère devenue autonome, ma grand-mère Violette pourrait le seconder dans ses travaux d'expert, et, pourquoi pas, devenir son associée dans un petit bureau d'études malgré son absence de diplôme. Mais le destin leur réservait le malheur du cancer, dont elle est morte en deux ans. Ma mère en avait alors vingt-trois, c'était exactement l'époque où mes grands-parents maternels auraient pu commencer à mener la vie dont ils avaient longtemps rêvé. Je sais que mon grand-père André, tout en donnant le change, ne s'en est jamais remis.

Ma grand-mère Marguerite se moquait particulièrement de l'incompétence de mon grand-père André en matière de vie quotidienne. Pour ma part, je ne pense pas qu'il se soit agi d'incompétence, mais d'inintérêt : il n'accordait aucune valeur aux tâches domestiques, asservissait les repas à l'obligation de se nourrir plutôt qu'au plaisir de manger, et s'habillait uniquement pour maintenir son corps à la bonne température, donc sans prêter attention à sa dégaine. Tandis que moi, je m'habille tous les jours de la même manière, ce qui m'épargne la douleur de choisir mais obéit à une logique plus contraignante qu'il y paraît. Lui, j'en conviens, pouvait rester chez lui en imperméable ou sortir acheter le pain en pantalon de pyjama, et plus il avançait en âge moins il prenait garde à sa mise, de sorte que les gens conformistes le tenaient pour un vieux fou. Les jours où nous déjeunions ensemble, il préparait un plat de lasagnes surgelées dont nous nous régalions, et si nous avions encore faim, il ouvrait une boîte de glace au chocolat. Ce genre de rituel me convient bien, même si je reconnais que ma grand-mère Marguerite cuisinait très bien et qu'il me plaisait aussi de savourer chez elle du gratin dauphinois ou du gâteau à l'orange. Mais chez ma grand-mère Marguerite je ne pouvais discuter ni de scrabble ni de « cockpit voices recorder », elle y opposait tout de suite son veto et ramenait la conversation sur les programmes télé ou la baisse continue du pouvoir d'achat. Fascinée par l'évolution des prix, elle aimait citer les objets de consommation courante qui, jadis très bon marché, étaient devenus des produits de luxe à la faveur du passage à l'euro et de ses erreurs de conversion entre les anciens et les nouveaux francs : les pommes vendues au prix du caviar, l'eau minérale au prix du Château Margaux, le dentifrice au prix de l'or. En revanche, mon grand-père André aurait été incapable de donner une estimation de l'évolution des prix courants, bien qu'il se soit nourri de surgelés qu'il achetait lui-même depuis la mort de ma grand-mère Violette, et il ne pensait pas à se plaindre de la vie chère. Il préférait essayer de calculer avec moi la quantité d'énergie électrique que la France pourrait obtenir si, renonçant aux bains de mer, elle couvrait tout son littoral d'usines marémotrices. Ce serait tellement considérable qu'on pourrait, d'après lui, fermer les centrales nucléaires, offrir la gratuité sur les TGV et éclairer les autoroutes *a giorno,* comme en Belgique. Ou alors il soupesait les différents scénarios de catastrophe atomique fatale pour l'humanité, qu'il s'agisse d'une guerre thermonucléaire, d'une vague d'attentats bien conduits, ou d'un accident de stockage des déchets les plus dangereux. Ça l'amusait de constater que l'humanité risque de disparaître rapidement de la planète, et que les lois du darwinisme ne disposent plus que de quelques milliards d'années pour sélectionner des araignées parlantes, ou des rats géants capables d'inventer une nouvelle religion, ou du corail animé. De toute manière, concluait-il, tout ça est destiné à fondre dans l'explosion finale d'une naine rouge, si le système solaire n'est pas entre-temps happé par un trou noir ou volatilisé dans un flux d'anti-énergie. Mon grand-père André me parlait rarement de ma grand-mère Violette, mais quand cela arrivait il disait qu'elle l'aidait à canaliser son imagination scientifique et à mieux affronter les contingences de la vie de tous les jours. Grâce à elle il n'oubliait pas de se raser, enfilait chaque matin des habits propres, possédait des gants et des chapeaux, et oubliait pendant de longs moments le destin de notre système planétaire. Elle pouvait à la fois lui donner la réplique sur la relation d'incertitude d'Heisenberg, et lui mitonner des paupiettes de veau ou des tartes tatin. J'imagine qu'ils se blottissaient dans les bras l'un de l'autre pour dormir, et qu'ainsi ils se sentaient moins perdus sur notre grain de poussière voguant dans le cosmos, même si le sens de leur présence au monde leur échappait comme à chacun. En tout cas je suis sûr qu'ils se sont aimés comme moi j'aime Sophie Sylvestre-Lachenal, d'une manière totale, sans arrière-pensées ni faux-fuyants malsains, mais en vivant ensemble, ce qui, hélas, dans mon cas, risque fort de ne jamais arriver.

La dame Vauquelin, de la Pastorale diocésaine, aura finalement proféré une vérité involontaire en affirmant que ma grand-mère Marguerite était « une femme de tête autant qu'une femme de cœur ». Car ma grand-mère Marguerite était en effet à peu près aussi incapable de réfléchir que d'aimer. Je crois qu'elle faisait rouler dans son esprit une poignée d'idées simples et jamais revisitées, dont : la dureté du veuvage, la cherté de la vie, l'impossibilité d'intégrer trop d'étrangers sans menacer les traditions nationales, l'amour de François Mitterrand pour le peuple et le devoir de faire bonne impression. Je la revois attelée à sa vaisselle dès la table desservie, récurant ensuite la gazinière et l'évier, passant chaque jour la serpillière sur les tomettes de la cuisine et nettoyant avec soin ses pattemouilles comme elle disait, histoire qu'un voisin arrivant à l'improviste n'aille pas répandre la rumeur d'un intérieur négligé chez les Boyer. À moins qu'elle n'ait eu peur de mourir sans préavis en laissant derrière elle une cuisine sale et une réputation de mauvaise ménagère. Tant que son corps a pu le faire, elle a soigné de la même manière son jardin, désherbé les allées, taillé les rosiers et arrangé ses vasques foisonnant de géraniums et de capucines. Lorsque la petite tante est morte, en mille neuf cent quatre-vingt-sept, la concession de trente ans de mon grand-père Adrien arrivait à son terme. Il se trouve que la petite tante avait légué cent mille francs à ma grand-mère, et tout le reste au cousin Henri qui n'en a guère profité puisqu'il était sous curatelle. Je me souviens que ma grand-mère nous a tous invités, ses trois enfants et ses quatre petits-enfants, un dimanche de printemps, pour nous demander conseil sur l'emploi de cette somme. Elle hésitait entre la construction d'une véranda accolée à la façade sud de la maison, et l'achat d'un caveau au cimetière de Sainte-Foy-Laval. Mon père lui a aussitôt proposé un produit financier innovant grâce à son poste de fondé de pouvoir, mais elle voulait à toute force dépenser cet argent, comme s'il lui brûlait les doigts. Elle s'était fait envoyer des catalogues de vérandas que nous avons longuement compulsés, émerveillés par la diversité des styles et des ambiances. Ma grand-mère Marguerite avait une préférence pour un modèle art déco en métal peint ; ma tante Lorraine en pinçait pour une menuiserie aluminium et bois clair au design ultramoderne ; mes cousines s'en fichaient et donnaient des préférences fantaisistes ; et ma tante Solange recommandait à ma grand-mère de choisir en fonction de ses goûts à elle, et non des nôtres. En tout cas, tout le monde s'accordait à penser qu'il valait mieux faire construire une véranda qu'un caveau, d'autant que le budget permettait d'espérer une grande surface et une belle qualité de matériaux. Alors ma grand-mère Marguerite, les yeux un peu brillants car elle avait bu plusieurs verres de mercurey déclassé, a fait valoir que mon grand-père Adrien était enterré dans une tombe située tout en bas du cimetière, donc exposée aux eaux de ruissellement. Puisque la concession arrivait à échéance, et compte tenu du prix exorbitant d'une reconduction, elle s'était renseignée sur les alternatives. C'est ainsi qu'elle avait appris par un certain Monsieur Monier, un homme très gentil qui s'occupait de ces questions à la mairie, que l'administration ouvrait un nouveau carré sur un crêt, et qu'il serait possible d'y faire maçonner un caveau à quatre, six ou huit places toujours au sec, même par les pires intempéries. Elle serait heureuse, nous disait-elle, d'y faire installer confortablement mon grand-père Adrien, et d'en faire profiter les membres de la famille désireux de se joindre à eux le moment venu. J'ai fait observer qu'il était strictement égal de se décomposer en milieu humide ou en atmosphère sèche, et qu'il était idiot de faire des frais pour une raison aussi pusillanime, mais on m'a fait taire au motif qu'on doit évoquer ces choses avec délicatesse et non dans des termes aussi crus. Malgré tout, la famille était d'avis qu'il serait plus profitable de faire édifier une véranda, d'autant que la maison était sombre pour ne pas dire sinistre, et que cet ajout en augmenterait beaucoup l'agrément, donc la valeur. Ma grand-mère Marguerite nous a remerciés pour ces sages conseils, mais naturellement, un mois plus tard nous avons appris qu'elle avait commandé un caveau de six places sur le crêt du nouveau carré. Dès que la tombe a été prête elle y a fait inhumer les restes de mon grand-père Adrien, qui tenaient en effet dans une caissette tellement l'humidité avait réduit à peu de chose son corps qui, déjà de son vivant, craignait l'eau. On stigmatise à longueur de temps mon inaptitude à saisir les logiques sociales, mais en l'occurrence je vois mieux que personne la ligne de démarcation entre le dessus et le dessous de la terre, et qu'il vaut mieux accueillir le soleil sous une verrière que trop s'occuper de ce qui se passe dans l'ombre sous nos pieds. D'autant que, dans trois ou quatre milliards d'années, la composition de cet humus, depuis longtemps enfouie dans le perpétuel brassage de l'ordre biologique, ne sera plus accessible à la moindre mémoire.

Quoi qu'ait pu en dire la dame Vauquelin, qui entreprend maintenant de faire jouer « un autre adagio célèbre d'Albinoni », à savoir la Méditation de *Thaïs* que l'on doit au génie controversé de Jules Massenet, compositeur stéphanois, ma grand-mère Marguerite n'aimait pas les voyages. Tout au plus aimait-elle transporter un peu loin de chez elle, à condition de rester en France, ses habitudes et sa parfaite absence de curiosité géographique. En vérité, il suffisait à son plaisir de s'installer dans un autocar avec un groupe d'autres personnes de soixante-dix ans et plus, pour des circuits thématiques de trois à sept jours en pension complète avec supplément pour chambre individuelle. Bien entendu, elle ne s'autorisait jamais ce luxe contraire à ses principes d'épargnante, de sorte qu'elle devait toujours partager sa chambre avec une autre vieille dame, pas toujours plus âgée qu'elle pour l'état civil, mais toujours beaucoup plus décatie sur le plan physiologique. C'est ainsi qu'elle a pérégriné à la découverte des châteaux cathares, de la grotte artificielle à Lascaux, des marchés de Noël en Alsace ou du *Paris de toujours* dont elle avait affiché le prospectus dans sa cuisine, « Lido, Folies Bergères et Moulin rouge, quatre jours trois nuits pour cinq cent quatre-vingt-quinze francs vin compris ». De tous ces circuits elle rapportait les mêmes souvenirs : elle avait bien mangé et mal dormi.

Un confit de canard comme ça, une choucroute copieuse (et bonne), des fromages à ne plus savoir où donner de la tête, un chariot de desserts incroyablement garni, ici un kir royal en apéritif, là un café gourmand non annoncé dans le dépliant, et puis servi, il fallait voir comment. En revanche, pas moyen de dormir en compagnie de l'autre dame, au demeurant gentille, mais tantôt pipelette et à la limite de l'indiscrétion, tantôt indisposée sur le plan digestif et occupant les toilettes des heures durant, quand elle ne promenait pas tout simplement un cafard à couper au couteau suite à un deuil trop frais ou au compagnonnage avec une maladie encore mal apprivoisée. Inutile d'espérer tirer à ma grand-mère une bribe des explications pourtant sommaires fournies sur l'hérésie cathare ou le retable d'Issenheim, elle les avait subies en digérant le repas précédent ou en aiguisant son appétit pour le suivant. Mais malgré ces expériences de socialité décevante, ma grand-mère Marguerite revenait sans cesse à la charge pour me conseiller de m'inscrire dans un club de scrabble. Puisque j'avais renoncé à devenir notaire ou huissier, qu'au moins je sorte un peu de chez mon père et fréquente des congénères qui partagent mes centres d'intérêt, disait-elle en donnant à ses propos l'allure du bon sens. Elle ajoutait volontiers que je gagnerais tous mes adversaires, ce dont je peux convenir à la rigueur, mais c'est faire bien peu de cas des difficultés engendrées par mon syndrome d'Asperger, et m'exposer à des avanies que je préfère ne pas connaître. Y compris dans mon entourage proche, personne n'a jamais vraiment compris les raisons de mon amour pour le scrabble, à savoir la découverte de la vie propre des lettres et l'évacuation des significations grâce à quoi « naître » et « mourir » peuvent s'équivaloir exactement. Chaque fois que j'en ai parlé on m'a regardé avec des yeux ronds et une mine suspicieuse. En outre, je redoute qu'on m'oppose, si je fais part de mon admiration exclusive et sans bornes pour Roger Walkowiak, trois fois champion de France en duplicate et seize fois champion du Loiret en tournoi classique, le palmarès d'Abel Roche ou de Jean-Charles Niogret, joueurs certes plus capés mais dont les trouvailles n'ont pas, à mes yeux, le génie de celles de mon idole. Je ne veux pas souffrir qu'on écorne mon père spirituel, qu'on le compare à des champions au jeu trop prévisible, ni qu'on se moque de moi parce que je connais la plupart de ses parties par cœur, à partir des demi-finales de tous ses grands tournois. Je les ai intégralement refaites plusieurs fois, il m'est très rarement arrivé de le battre. Il me plaît de savoir que Roger Walkowiak, petit-fils de mineurs polonais, avait développé son génie du scrabble grâce à la tuberculose : enfant, il était resté confiné dans un établissement de santé pendant de longs mois et c'est là qu'il avait appris à jouer. Comme il était d'un tempérament rigoureux, il s'était vite aperçu que pour gagner il faut connaître tout le dictionnaire, et il avait appris le *Petit Larousse* par cœur. Ma grand-mère trouvait aberrant d'apprendre le dictionnaire d'une langue qu'on sait parler, et n'a jamais voulu croire qu'on ignore au moins un mot par page, et souvent plusieurs. En outre, elle n'aimait pas l'idée qu'on puisse tirer profit d'une maladie. D'après elle, champion de scrabble ne représentait guère qu'un pis-aller, mieux valait une situation offrant des revenus plus réguliers. Outre les métiers juridiques auxquels me prédisposait, à ses yeux, mon handicap, elle m'aurait bien vu vétérinaire et imputait à ma seule paresse le fait que je n'aie pas suivi les études qui y conduisent.

Cette idée faisait ricaner ma tante Lorraine, selon qui il est illusoire d'escompter de l'empathie pour les animaux chez un être assez cruel pour libérer dans un jardin une chatte incapable de descendre des arbres. Ma tante Lorraine travaille comme architecte de réseau à la Chambre de commerce, mais n'a jamais été capable d'expliquer en quoi consiste l'architecture de réseau. Lorsqu'elle se lance dans une description de ses missions, c'est un peu comme lorsqu'elle expose sa diététique ou son patrimoine : un mélange de lapalissades, de jargon et de phrases toutes faites par lesquelles elle explique que c'est inexplicable mais que c'est également tellement simple que chacun peut comprendre par soi-même. Elle termine une phrase sur deux par le mot « Voilà ! », qui suggère un implicite dont personne ne peut saisir le sens et qui a valeur de tic verbal plus que de conclusion. J'aimerais lui faire observer qu'elle ne sait pas parler avec précision de ce qu'elle fait, mange ou pense, et que « Voilà ! » ne saurait prétendre à la clarté d'un propos bien construit. Mais par manque de chance, elle me retournerait facilement la critique parce que sa catastrophe aérienne préférée fait partie de celles que je connais le moins bien, du fait qu'elle ne concerne pas un vol commercial : c'est celle dans laquelle a péri Otis Redding, le dix décembre mille neuf cent soixante-sept. Je sais simplement qu'avec les membres du groupe The Bar-Kays, il volait à bord de son avion personnel, un bimoteur Beechcraft, qui s'est abîmé dans le lac Monona, état du Wisconsin. Tous les membres du groupe sont morts à l'exception de Ben Cauley, sans doute un bon nageur qui ne craignait pas le froid, et de James Alexander qui n'était pas à bord. Quand elle m'interroge sur ce crash du genre intimiste, je ne peux lui donner plus de précision faute d'avoir mené de recherches sur ce thème, de sorte qu'elle me considère comme un dilettante ou un vantard. Et chaque fois, elle fredonne *The Duck of the Bay,* bien que la chanson s'intitule *The Dock of the Bay* et que sa prononciation en modifie profondément le sens, comme je le lui ai fait observer cent fois sans qu'elle en tienne compte. Il faut préciser qu'elle dit « télé fun » pour « téléphone », ou « seul ange » pour « Solange », et qu'elle refuse catégoriquement de suivre des séances d'orthophonie. Je ne comprends à peu près rien à la psychologie de ma tante Lorraine, qui consacre l'essentiel de son temps libre à acheter des vêtements, des ceintures, des souliers et des accessoires divers qu'elle s'oblige à coordonner, raison pour laquelle elle s'enorgueillit de posséder une centaine de sacs à main, tout ce qui se fait en matière de cordonnerie depuis le mocassin jusqu'à la botte lacée, et assez de chapeaux pour ouvrir une boutique. Autant ma tante Solange est maladivement croyante, autant ma tante

Lorraine est pathologiquement incroyante, je veux dire qu'elle ne croit même pas à l'espièglerie des vieux juifs qui ont inventé le tétragramme, ce qui explique sans doute son refus de toute philosophie. Pour ma tante Lorraine, le but de la vie se résume à rester jeune, mince et belle, et à payer le moins possible d'impôts, ce qui l'autorise à penser qu'elle a réussi la sienne puisqu'elle a pu, jusqu'à la soixantaine, entrer dans des pantalons de taille quarante, se faire sauter par des représentants de commerce et défiscaliser l'essentiel de ses revenus, d'après les informations recueillies par mon père. Peut-être qu'elle souhaite rester jeune, mince et belle parce qu'elle croit que ce sont des conditions pour être aimée, mais c'est presque une idée philosophique et je doute qu'elle y souscrirait. Elle ne lit pratiquement pas de livres, et ceux qu'elle lit sont, pour la plupart, consacrés aux régimes amaigrissants ou au tourisme, guides par lesquels elle se renseigne sur les lieux d'estivage de masse où elle aime se rendre pendant ses vacances. Ses préférences vont à Djerba, Ibiza et les Canaries, dont elle dit connaître l'histoire tout en refusant d'écouter le récit de sa somptueuse catastrophe aérienne de peur que ça lui porte malheur. Et, contrairement à ma tante Solange qui aimante les cinglés et les pervers, ma tante Lorraine ne fréquente que des gens incroyablement banals, issus de la classe moyenne aisée inculte, avec qui elle échange des opinions vestimentaires et des idées battues pêchées dans *Le Nouvel Observateur*, parce qu'elle aussi se croit de gauche. Mais surtout, la grande énigme concernant ma tante Lorraine tient à sa relation de couple avec Monsieur Jean-Luc Badin, qui travaille comme technicien dans une usine de composants électroniques destinés à l'armement. Depuis que je suis enfant j'entends les adultes chuchoter qu'elle se fait battre, et je vois bien qu'elle camoufle comme elle peut des traces de coups ou de strangulation. La chose est avérée, connue de tous, mais jamais ouvertement dite. Quand j'étais enfant, j'avais cru comprendre qu'elle refusait de se séparer de Monsieur Badin pour ne pas traumatiser mon cousin Gérald, qui a trois ans de moins que moi. Mais mon cousin Gérald, qui travaille depuis presque vingt ans pour une concession Peugeot dans la banlieue de Clermont-Ferrand, a dépassé les quarante ans, change de partenaire une à deux fois par semaine, et réagirait sans doute avec équanimité à la séparation de ses parents. Il faut donc un autre ciment pour lier ma tante Lorraine à son bourreau, mot qui d'ailleurs convient mal à Monsieur Jean-Luc Badin. Je n'ai vu cet homme qu'une dizaine de fois dans ma vie, et il m'a donné l'impression d'être un citoyen ordinaire et d'un commerce agréable. Il se dit amateur de rugby, collectionne les petites voitures Dinky toys, et ma tante Lorraine le prétend bon bricoleur. Pour ne l'avoir jamais vu en colère, j'ai beaucoup de mal à l'imaginer en conjoint violent, et nous avons eu des échanges très courtois sur la cote des petites voitures Dinky toys, les critères qui la font varier et les pièges à éviter lorsqu'on débute une collection de ce genre. Monsieur Badin et ma tante Lorraine ne se parlent pas beaucoup : dans les quelques souvenirs de réunions de famille que je garde, je le vois bavardant avec les hommes au salon ou au jardin, tandis qu'elle discute avec les femmes en cuisine. Pour le repas ils s'installaient volontiers chacun à un bout de la table, mais sans se chercher noise, ni faire de gestes déplacés. Je me demande si Monsieur Jean-Luc Badin sait que ma tante Lorraine se fait sauter par des amants de hasard lorsqu'elle part en cure, mais d'après mon père il ne faut surtout pas le lui révéler car on ne peut préjuger des conséquences d'une telle information. Toute ma famille suppose que Monsieur Jean-Luc Badin s'autorise lui aussi des escapades extraconjugales, et conclut que ça n'empêche pas ma tante Lorraine et lui de s'aimer beaucoup. Ce genre de propos me plonge dans un abîme de perplexité, tant il m'est difficile de comprendre que des sentiments haineux et des infidélités régulières puissent entrer au service de l'amour. Je peux admettre qu'on se déchire par jalousie, qu'on se sépare par désamour, ou qu'on devienne indifférent par manque de talent à entretenir la flamme, je comprends même très clairement la logique du crime passionnel auquel j'aimerais consacrer un jour un *Traité de criminologie domestique*. Mais que la violence et la déloyauté cimentent un couple, cela échappe à mon entendement, et, contrairement à ma famille, je me ferais du souci pour mon équilibre mental si je m'habituais à cette idée.

Dans mes rêveries de vie amoureuse avec Sophie Sylvestre-Lachenal, l'amour ne se nourrit que de tendresse et d'attentions. Le matin, je la réveille en douceur d'un baiser sur les paupières, d'une caresse sur l'épaule. Je lui apporte au lit son bol de cacao avec un croissant que j'ai couru acheter à l'aube, et que je suis même prêt à réchauffer ou à tartiner de confiture si elle préfère le manger ainsi. Ensuite je m'occupe de notre petit Roger et je fais le ménage pendant qu'elle vaque à ses occupations, lecture de scénarios, apprentissage de rôles ou tournage à l'extérieur. Si elle ne rentre qu'en fin d'après-midi je lui prépare un bon dîner de spaghettis, après quoi elle lit à Roger une histoire pour l'endormir, puis nous jouons au scrabble, et nous faisons l'amour avant de nous endormir, pacifiés, heureux. La rage et les coups ne peuvent surgir, dans mon imagination, qu'en réponse à une violence qu'elle m'aurait faite. Par exemple si elle rentre un soir les cheveux en désordre et me dit avoir profité d'un changement de décor entre deux scènes pour coucher avec un comédien, je ne suis pas certain de réussir à contrôler ma colère. Ou si elle m'adresse une remarque désobligeante parce que j'aurais perdu au scrabble, ou parce que je ne m'habille pas de manière assez variée à son goût, ou parce qu'il reste de la poussière sous les lits. Je n'ose imaginer que Sophie Sylvestre-Lachenal se laisse aller à des attitudes aussi basses, mais si véritablement ce malheur arrivait, alors je préférerais de beaucoup une solution radicale à un conflit larvé comme celui qui oppose ma tante Lorraine à Monsieur Jean-Luc Badin. Je demanderais à Sophie Sylvestre-Lachenal de s'en aller sur-le-champ pour ne jamais revenir ; si elle n'obtempérait pas je la tuerais une bonne fois, ainsi que notre petit Roger pour lui éviter le malheur d'être orphelin, et je me suiciderais aussitôt après pour m'épargner des tracas judiciaires qui excèdent mes forces. Mais comme je suis d'un naturel placide, contrairement à ce que croient les magistrats, le risque pour moi d'en arriver à cette extrémité est infinitésimal.

Au fond, je n'aime pas les cérémonies de funérailles parce que leurs tissus de mensonges me ramènent à la vraie vie, dont je me protège activement en évitant la radio et la télévision, et en ne lisant la presse qu'avec d'infinies précautions. Lorsque je me laisse atteindre par le bombardement médiatique de demi-vérités, de trucages, d'amalgames et de bobards éhontés, je me sens vivre au cœur d'un labyrinthe dont rien ne me prouve qu'il possède une issue. De même qu'on nous dit à l'échelle familiale que ma grand-mère Marguerite, femme réactionnaire et foncièrement égoïste, représentait un modèle de tolérance et de bonté, on nous serine à plus grande échelle qu'il nous faut à la fois abattre les dictatures et vendre aux tyrans des armes pour équilibrer notre balance commerciale ; produire plus de voitures et diminuer les émissions de gaz d'échappement ; supprimer les fonctionnaires et améliorer le service public ; restreindre la pêche et manger plus de poisson ; préserver les ressources en eau douce et saloper les aquifères au gaz de schiste. Aucun journal télévisé sans son flot d'inepties de cet acabit. Mon grand-père André m'aidait beaucoup à démêler ces messages paradoxaux, il savait en dégager les tenants et les aboutissants, décrire les logiques de la grande mystification dont notre époque est victime, dénoncer les voleurs à qui elle profite. À sa manière, beaucoup moins efficace mais pleine de bon vouloir, Imre m'a lui aussi aidé à trouver des repères dans ce monde indéchiffrable. Avec lui je pouvais au moins discuter sans fausse pudeur d'ascenseurs qui s'écrasent, d'avions qui explosent, d'immeubles qui s'écroulent, même si nous n'entrions pas dans le détail des causes politiques ou économiques de ces phénomènes. J'avais trente-deux ans quand mon grand-père André est mort d'une attaque, affreusement, après trois semaines de calvaire sur un lit d'hôpital, et à peu près à la même époque j'ai perdu la conversation d'Imre, trop préoccupé par les turbulences de sa relation avec ma cousine Christelle pour continuer à explorer en ma compagnie l'histoire des technologies et de leurs failles. Depuis son départ pour Londres il y a onze ans, il me reste mon père pour seul interlocuteur, mais nos échanges n'atteignent jamais l'intensité que je souhaiterais. Mon père est un homme gentil, ce qui le rend peu enclin aux controverses et aux avis tranchés mais également peu intéressant. Je lui sais gré de m'avoir toujours défendu, par exemple contre ma grand-mère Marguerite qui aurait tant voulu me mettre au travail ; ou contre mes tantes qui persistent à penser que je pourrais consacrer ma vie à autre chose qu'au scrabble, aux listes pour le petit bac et à mes études d'accidentologie aéronautique ; ou contre les innombrables ignorants qui, estimant anormales mon ascèse et ma réclusion, voudraient me voir fréquenter du monde sans se représenter que j'en suis incapable. Mais pour le reste, mon père aime changer de voiture tous les deux ans ; s'abrutir devant un téléviseur chaque année plus vaste, à l'écran et aux programmes toujours plus plats ; lire une presse économique vouée à l'art de la prédation financière ; consommer du cholestérol et des comprimés contre le cholestérol ; et se prétendre parfaitement épanoui tout en s'anesthésiant au passe-tout-grain maintenant que le cousin Henri n'est plus là pour écouler ses surplus de mercurey. Il n'a pas l'air d'en vouloir à ma mère, qui l'a pourtant quitté du jour au lendemain pour un autre homme en mille neuf cent quatre-vingt-quatre, en me laissant à sa charge alors qu'il ne savait même pas faire tourner le lave-linge. D'après lui, les femmes sont ainsi, elles croient toutes que l'herbe est plus verte dans le pré d'à côté, on aurait tort de s'en formaliser. Depuis leur divorce, je crois qu'il a vécu de nombreuses liaisons brèves avec des dames qu'il a rencontrées par l'intermédiaire d'agences matrimoniales puis de sites internet dédiés au tressage de liens conjugaux, et maintenant il est en couple avec une coiffeuse deux fois divorcée qui a fait fortune sur la Côte d'Azur, et en compagnie de qui il part en vacances. Je n'ai pas vu cette Josiane plus d'une dizaine de fois, mais j'ai pu constater qu'elle habille sa vulgarité de fourrures et de bas résille, et qu'elle s'adresse à moi avec des mots très simples, parce qu'elle me croit attardé mental. Mon père en est un peu gêné, mais me conseille de ne pas m'en formaliser parce que ça n'avancerait à rien. À ses dires, il faut aux humains comme aux tourterelles une vie à deux permettant de se quereller et de se rabibocher, car l'homme a besoin de plaisirs au lit comme à table, et la femme a besoin de jacasser et de se plaindre. Je ne compte donc pas sur mon père pour m'initier aux mystères de l'amour, dont le soubassement anthropologique me paraît tout de même plus profond. Quant à ma mère, elle est toujours en ménage avec son compagnon de trente ans. Tous les deux ou trois mois ils m'invitent à dîner et nous sommes soulagés quand c'est fini car nous n'avons rien à nous dire. Le scrabble lui fait horreur au point qu'elle ne veut pas en entendre parler, même si je lui annonce que j'ai fait cent quarante-neuf points avec le mot « jouxtez », et qu'on peut faire quatre cent cinquante-cinq points avec « enkystez » de triple à triple. En retour, lorsqu'elle me parle de Tocqueville ou de Condillac, mon attention se met à flotter et je m'aperçois lorsqu'elle a fini que je n'ai rien retenu de son propos. Bien que je connaisse la liste de toutes les capitales du monde, je ne suis pas taillé pour les sciences politiques.

Quand j'entends la dame Vauquelin disserter sur la générosité de ma grand-mère Marguerite, je voudrais m'affranchir de ma timidité maladive, trouver en moi le courage de me lever pour dénoncer à la cantonade ce mensonge et rappeler que ma grand-mère lésinait sur tout, calculait sans relâche et n'a jamais fait grâce d'un centime à personne. Je raconterais comment elle a été jusqu'à demander à ma tante Solange de vendre les rideaux, les ustensiles de cuisine et les outils de jardin lorsqu'elle a quitté sa maison de Sainte-Foy-Laval pour aller vivre dans un établissement d'hébergement pour personnes âgées dépendantes, et comment elle s'est lamentée sur la faiblesse de la somme ainsi récupérée. Somme dont elle n'a pas reversé un sou à ma tante Solange, qui avait pourtant mis des annonces sur internet et passé des heures à écouler au meilleur prix ces misérables brocantes lors d'un vide-greniers. Je raconterais aussi l'affligeante cérémonie des étrennes, année après année recommencée : avant le repas de famille du vingt-cinq décembre, qui se passait souvent chez nous, ma grand-mère Marguerite demandait le silence et se transformait en nombril du monde pour nous infliger un petit cours de macroéconomie. De son laïus ressortait invariablement l'idée que tout augmentait très vite, sauf les taux de rémunération de la Caisse d'Épargne, qui, selon elle, avaient tendance à baisser. Et que par conséquent, elle avait bien du mérite à maintenir le montant de ses dons au même niveau que l'année précédente, ce qui représentait en réalité une hausse considérable, sinon de la somme, en tout cas de l'effort budgétaire. Après quoi elle sortait de son sac à main les enveloppes au format carte de visite, et nous appelait toujours par ordre d'âge, soit d'abord ma tante Solange, puis mon père, ma tante Lorraine, mes cousines, moi et mon cousin Gérald, et enfin János et Szuszá quand ils ont eu l'âge de raison. Il convenait alors de s'extasier sur le contenu de l'enveloppe et d'aller lui faire de grandes démonstrations de gratitude dans lesquelles mes cousines et mon cousin excellaient : cris de joie, surprise feinte, moulinets, baisers mouillés et accolades, tout y passait. Naturellement, connaissant à l'avance le contenu de l'enveloppe et l'évolution des taux bancaires, je ne parvenais pas à singer l'exultation, et j'allais très poliment embrasser ma grand-mère en la remerciant pour ces étrennes dont le montant n'a pratiquement jamais varié, si ce n'est qu'elles sont passées de cinq cents francs à soixante-quinze euros en deux mille deux, légère diminution qui nous rappelait la devise de notre bienfaitrice : il n'y a pas de petit profit. Naturellement, la pondération de ma réaction m'attirait des critiques, ma grand-mère me désignait à la communauté familiale comme blasé et ingrat, et insistait jusqu'à ce que mon père ajoute à la froideur excessive de mon remerciement une vigoureuse parole de reconnaissance. Il lui arrivait d'élucubrer que, trop sensible pour réagir sur-le-champ, j'attendais d'être seul à la maison pour laisser exploser ma jubilation, projeter mille emplettes et bénir le nom de ma bienfaitrice. Laquelle ne cachait pas sa déception quand je lui disais vouloir convertir mes étrennes en ouvrages sur l'aviation civile, alors que de son point de vue j'aurais pu m'offrir un pull-over ou un pantalon différents de ceux que je porte tous les jours. Voilà quel modèle de générosité nous nous apprêtons à enterrer dans un caveau étanche et sec où je me demande ce que sa dépouille rapportera à la nature sous l'angle du bilan carbone.

En réalité, je n'achète de livres sur l'aviation civile qu'à la solderie de la rue Condorcet, où pour cinq euros on peut acquérir un ouvrage d'un kilo et plus, en papier glacé, richement illustré de photos follement excitantes : décollage nocturne d'un Boeing 747-200C, atterrissage d'un Breguet Atlantic, photos en plongée d'un DC-10 en vol de croisière au-dessus d'une chaîne de montagnes ou d'une mer de nuages. Il me serait insupportable de dépenser plus pour un livre, et lorsqu'il m'est vraiment impossible de me passer d'un ouvrage de référence trop onéreux pour moi, j'ai longtemps préféré le lire directement à la bibliothèque et apprendre par cœur les données dont j'ai besoin. De toute manière internet a rendu obsolète ce mode d'accès à l'information et je trouve maintenant tout ce que je cherche sans dépenser un sou ni bouger de mon fauteuil. Mais j'ai toujours laissé ma grand-mère Marguerite croire que j'utilisais ses étrennes pour assouvir ma passion aéronautique, plutôt que de lui avouer que j'en reverse l'essentiel à l'association de lutte contre la mucoviscidose présidée par Sophie Sylvestre-Lachenal. Du reste j'envoie maintenant mon don par l'intermédiaire de mon père puisque la sentence de mon procès va jusqu'à m'interdire de participer à cette action caritative. Peu m'importe, je n'attends aucun remerciement, je le fais pour que le fils de Sophie Sylvestre-Lachenal puisse mener une vie libre de souci financier et que sa mère en soit heureuse. J'espère seulement que ce bonheur, dont elle me doit à son insu une part, l'amènera un jour à réviser la mauvaise opinion qu'elle s'est injustement forgée de moi et qui lui a inspiré des procédures judiciaires sans commune mesure avec l'objet de notre discorde. Je ne sais pas pourquoi elle a eu l'idée saugrenue de considérer mes envois de courriels dictés par la bienveillance comme une forme de harcèlement, ni comment elle en est arrivée à porter plainte contre moi, alors qu'elle connaît depuis nos années de lycée ma légendaire ingénuité et mon profil d'éternel bouc émissaire. J'ai perçu trop tard que j'avais péché par excès de confiance en lui suggérant, il y a trois ans, de demander l'euthanasie de son fils : lors du procès j'ai senti que cette idée l'avait froissée. Bien entendu je n'y mettais pas une once d'agressivité, je lui conseillais simplement de soulager ce pauvre adolescent qu'une pneumonie gravissime clouait alors sur son lit d'agonie, pratiquement sans espoir de guérison. Il faut dire qu'à cette époque, Sophie Sylvestre-Lachenal postait quotidiennement sur son blog des messages alarmistes, et comme il est admis que la mucoviscidose réduit beaucoup l'espérance de vie, j'avais simplement émis l'hypothèse de faire remplacer les antibiotiques et l'oxygène par un puissant narcotique, afin de permettre à son malheureux enfant de s'éteindre en douceur. Certes, la guérison de son infection a démontré que mon conseil était pour le moins prématuré, mais malgré tout, il me semble qu'à la place de Sophie Sylvestre-Lachenal j'aurais été reconnaissant de recevoir des marques de sollicitude témoignant d'une vraie préoccupation pour mon sort. Au lieu de quoi elle m'a suspecté d'intentions malveillantes et s'est estimée fondée à saisir la justice en présentant mes courriels comme autant d'intrusions dans sa vie privée. Moi qui lui ai toujours promis de m'occuper de son fils comme s'il était le mien au cas où elle voudrait bien s'engager dans une union stable avec moi. De surcroît, elle a eu le front de me soupçonner de vouloir m'en débarrasser pour ensuite essayer de la séduire, voire de l'abuser :

faut-il qu'elle ait perdu le nord pour trahir à ce point mes intentions. Je ne comprendrai jamais comment un juge a pu croire un instant que je faisais courir à quiconque un risque d'agression et a fortiori d'assassinat, ni comment j'en suis arrivé à être soupçonné de ces noirs desseins pour avoir écrit des mots d'amour à la femme que j'aime. Il m'aura fallu endurer des mois de tracasserie, payer un avocat dans l'espoir vite déçu qu'il défende mon honneur et fasse triompher ma cause, subir une expertise auprès du psychiatre Trochon, et au bout du compte endurer une comparution humiliante au tribunal correctionnel où, en vingt minutes, on me tatouerait sur le front une étiquette de délinquant que rien ne peut plus effacer. J'avais eu la naïveté de confier à l'expert Trochon mes songeries d'amant platonique, persuadé qu'en clinicien habile il y puiserait des preuves de mon inoffensivité. Au lieu de quoi, contestant jusqu'à l'existence du syndrome d'Asperger, son rapport m'a présenté sous les traits d'un dangereux pervers narcissique, lycéen un peu niais et frustré de se voir éconduit, devenu comme par enchantement un adulte intelligent mais vicieux, resté d'un bout à l'autre de mon parcours un être manipulateur et retors multipliant les avances sexuelles les plus scabreuses et les fantaisies érotiques prenant pour décor un cabriolet de marque anglaise ou une barque sur un lac de montagne. Dans la foulée, il a prétendu que le concept de quotient intellectuel ne servait qu'à asseoir la suprématie sociale des hommes sur les femmes et des Blancs sur les Noirs, pour insinuer l'idée que mon bilan neuropsychologique à l'Institut zurichois de l'autisme avait pour seul objectif de donner à mes déviances un alibi pseudo-scientifique. Forte de cette caution de la Faculté, l'avocate de Sophie Sylvestre-Lachenal a dressé de la situation un tableau atroce, dont il ressortait que Sophie Sylvestre-Lachenal n'appréciait ni le canotage ni la sauce bolognaise, et que nul ne pouvait prédire jusqu'où irait ma fantasmagorie libidineuse si un jugement ferme n'y mettait un coup d'arrêt. Le juge avait l'air de se rallier aux avis du docteur Trochon et de tenir le professeur Urs Weiss pour le dernier des fumistes. Mon père, même s'il a souligné que je n'avais aucun antécédent de violence et que j'étais un garçon gentil, n'a pu contrebalancer cette présentation à charge, alors que ma mère s'est contentée d'affirmer qu'à son avis j'étais incapable de faire du mal à une mouche, ce qui aurait contribué à me plomber, d'après mon avocat. Voilà comment j'ai écopé d'une amende salée, de dommages et intérêts, et surtout d'une interdiction d'entrer en relation, par quelque moyen que ce soit, avec Sophie Sylvestre-Lachenal. Tout ça pour de simples maladresses verbales que je paye, une fois de plus, au prix fort. Et naturellement, ma tante Solange en a profité pour me rappeler que seul Dieu juge nos actes, qu'elle-même s'en gardait bien et me conservait toute son estime, un peu comme pour Monsieur Kalt qui a tué plus de vingt adolescents.

J'aspire à ce que mon entourage, un jour, me comprenne vraiment, ainsi qu'il arrive parfois en rêve. J'aimerais tellement que, dès leur amorce, mes idées soient entendues comme par télépathie dans toute leur complexité ; que mes pensées les plus subtiles se transmettent, intactes, dans un simple échange de regards, mes intentions dans une simple ébauche de sourire ; que Sophie Sylvestre-Lachenal se laisse pénétrer par la pureté de mes sentiments, par ma soif de ne vivre que pour elle, de lui consacrer tous mes efforts, tous mes élans, tout mon argent. Cela lui aurait évité d'exprimer des horreurs dans sa déposition et d'inspirer à son avocate un propos infiniment blessant pour mon amour-propre. Je frissonne encore au simple souvenir des expressions « harcèlement » et « violence morale », leitmotivs de ces vingt minutes de procès bâclé : est-ce vraiment harceler que d'envoyer une dizaine de messages par jour à une femme à qui vous pensez jusqu'au plus profond de votre sommeil ? En quoi des paroles d'amour peuvent-elles agresser leur destinataire ? Faut-il croire qu'en amour comme en politique, les promesses n'engageraient que ceux qui les écoutent ? Est-ce un crime d'aimer fidèlement, depuis trente ans et pour encore longtemps, la même personne ? Car j'aime encore Sophie Sylvestre-Lachenal d'un amour inconditionnel, malgré cet affreux jugement qui, depuis presque trois ans, me prive de lui envoyer ne serait-ce qu'un message, et je ne désespère pas de la reconquérir. Même si j'avais la volonté de bafouer mes principes, je ne pourrais pas essayer de rencontrer une autre femme, ni oublier cet amour qui illumine ma vie et lui donne sens depuis mes années de lycée. De Sophie Sylvestre-Lachenal j'aime absolument tout, la couleur de ses yeux, le timbre de sa voix, son rire discrètement aboyant, la sensualité de sa dégaine, le mouvement de ses cheveux, les rondeurs de sa poitrine et de ses hanches, le galbe de ses jambes, le grain de sa peau, et même ses rides, le début d'embonpoint qui alourdit son ventre, l'air plus vieux que lui donnent maintenant ses lunettes. J'ai acheté toute sa filmographie disponible en vidéo, et chaque soir, quand la tristesse me prend, je me passe un film et je guette son apparition en vendeuse ou en passagère de train : alors me revient la joie de vivre que j'éprouvais, lycéen, à simplement la voir discuter avec une camarade sous le préau. Un peu comme si depuis l'écran elle m'adressait un signe de connivence, « Je suis toujours là, ne t'inquiète pas ». Grâce à elle, la terre ne m'apparaît plus comme un galet fonçant vers sa disparition dans l'espace interstellaire, et ma vie se libère du sentiment d'absurdité qui trop souvent l'envahit. Si je sais que Sophie Sylvestre-Lachenal existe quelque part et si je sais que peu ou prou j'existe en retour pour elle, je peux m'abandonner à une certaine quiétude. Bien sûr, même au temps où j'avais le droit de correspondre avec elle, elle ne répondait pas souvent à mes lettres ou à mes courriels car elle avait beaucoup à faire avec son fils malade, ses activités, ses amis, peut-être même un amant depuis son divorce : belle comme elle est, elle doit se faire accoster à longueur de journées, et j'imagine qu'il doit parfois lui arriver de céder à un séducteur plus habile que la moyenne. Mais je ne lui en veux pas, après tout elle habite à Paris et moi en province, le voyage est long. L'essentiel, c'est qu'elle sache que je l'attends sans répit ni lassitude, qu'elle peut débarquer à tout moment dans ma vie : je l'accueillerais à bras ouverts, lui préparerais du thé et des toasts, demanderais à mon père de m'acheter un grand lit pour la faire dormir à côté de moi, et le week-end nous chercherions un beau sentier de randonnée pour marcher main dans la main si véritablement elle n'apprécie pas le canotage. Puis nous dînerions de macaronis à la carbonara avant notre partie de scrabble en duplicate, et, apothéose de la soirée, notre folle étreinte à l'hôtel. Je nous imagine enlacés sur la terrasse, comme dans *Mes deux du trio* de Matthieu Trillet, le film où elle tient son plus long rôle, au moins dix minutes à l'écran en tant que maîtresse d'un riche industriel joué par Gérard Lanvin. Oui, j'aime et j'attends Sophie Sylvestre-Lachenal en permanence, et je soutiendrais contre ma famille et contre le monde entier s'il le fallait, que seul l'amour donne un sens à notre brève pérégrination sur terre. Autour de moi, chacun vit comme si les choses sérieuses se cantonnaient aux signes extérieurs de richesse, à l'incessant échange d'opinions rebattues et à l'ostentation de plaisirs ignorant tout des sentiments. On parle garde-robe, cac40, taux de triglycérides, Vatican II, tarifs du vétérinaire, produits touristiques équitables ou nouvelles techniques de fitness, mais on évite soigneusement d'évoquer le besoin d'aimer, le bonheur de s'abandonner l'un à l'autre, l'exaltation que procure la vie à deux ou l'impeccable rationalité du crime passionnel assumé, tel que le journal en rapporte chaque semaine au moins un exemple. Au mieux, l'amour surgit dans le discours de mes proches sous les traits de la routine conjugale, des adultères à la Feydeau ou des querelles à trois sous. Seule ma grand-mère Marguerite parlait d'amour, mais au passé et mensongèrement : ruminant le souvenir de son crime jamais assumé, elle aura passé un demi-siècle à pleurer sa victime faute d'oser regretter officiellement l'amant par qui le malheur a pris ses aises dans la famille. Chez tous les autres membres du clan, on plaisante les âmes sensibles qui s'illusionnent sur la solidité des liens conjugaux, on rit de paillardises, et on ne dit jamais « faire l'amour » mais « tirer un coup », « tremper le biscuit » ou pire encore. En esprit fort, on croit élégant de considérer la mise en ménage comme dictée par des mobiles pragmatiques : une économie d'échelle, une assurance contre la frustration érotique et une façade sociale destinée à rassurer les enfants et les voisins. Je suis le seul à pouvoir dire que j'aime la même femme depuis mon adolescence, mais les rares fois où j'ai osé le proclamer on m'a rabroué et traité de simplet sous prétexte qu'aimer sans rapports sexuels ne compte pas, et que je n'ai jamais été confronté à la monotonie quotidienne sur laquelle s'érodent les passions les plus intenses. Voilà comment pensent mes proches, pour autant que le verbe penser s'applique à leurs stéréotypes.

Pendant qu'ils s'en vont tous faire le signe de croix ou l'incontournable « signe d'adieu laissé au libre choix de chacun » sur la dépouille de ma grand-mère Marguerite, la dame Vauquelin de la Pastorale diocésaine nous gratifie d'un dernier adagio célèbre d'Albinoni, cette fois-ci l'*Élégie* de Gabriel Fauré, et de nouveau l'angoisse me noue le ventre. Je sais trop la suite : les quatre porteurs en uniforme gris vont revenir chercher le cercueil et les fleurs, faire prestement glisser le tout dans la fourgonnette et l'emporter à vive allure jusqu'en haut du cimetière de Sainte-Foy-Laval. Là, après nous avoir offert un simulacre de procession derrière leur pot d'échappement, ils descendront avec des cordes ma grand-mère Marguerite empaquetée de chêne clair dans la tombe où elle rejoindra la caissette de l'homme qu'elle a lentement suicidé au picrate et qu'elle a regardé mourir sans aucune compassion, tout à la fois éprise de leur riche voisin et attachée à ses prérogatives d'épouse, c'est-à-dire d'héritière et de veuve en puissance. Et si par malheur, pendant que toute la famille s'émeut de les imaginer de nouveau allongés côte à côte après cinquante-six ans de séparation, je leur faisais valoir qu'il s'agit là d'une abjecte mascarade de conjugalité posthume, ils me regarderaient tous comme un fou. Je les vois d'ici essayer de me faire taire, affirmer qu'il n'y a rien là de choquant ni d'anormal, que l'amour sans nuage n'existe que dans les contes pour enfants et qu'il faut se faire une raison. Si j'avais le malheur de rappeler que leurs fantasmes de rabibochage au sépulcre ont de quoi faire rire les pierres tombales, ils seraient capables d'appeler un médecin de garde pour m'interner, soulagés d'enfin pouvoir confier à la science psychiatrique le soin d'entériner mon inadaptation aux conventions ordinaires et mon exclusion de la scène où se joue depuis la nuit des temps leur comédie de mœurs.

Je les imagine déjà, exposant sous les néons d'un box d'urgences mon casier sentimental chargé d'une unique passion pour une actrice ratée, précisant dans un sourire de connivence que depuis le lycée je n'ai jamais revu cette femme autrement qu'à l'écran, ajoutant avec un clin d'œil que ma manière singulière de la courtiser m'a valu un procès en correctionnelle, une lourde amende et un contrôle judiciaire strict. Pendant qu'ils tiendraient leur conciliabule de monstres ordinaires, manœuvriers rompus aux tromperies subtiles et aux réconciliations feintes, une gentille infirmière me tendrait un pyjama bleu et me parlerait avec douceur afin de ne pas me braquer, « Alors comme ça, il paraît que vous aimez beaucoup le scrabble ? Moi-même il m'est arrivé d'y jouer… » À l'exception peut-être de mon cousin Gérald, qui lui non plus n'a pas jugé devoir assister aux funérailles de ma grand-mère Marguerite, aucun d'entre eux n'aurait le courage de reconnaître que je suis le seul du groupe à n'avoir pas essuyé l'échec du divorce ou de la violence conjugale, ni d'admettre que leurs bricolages affectifs reposent sur des justifications indéfendables. Je connais par cœur l'argumentaire par lequel ils disculpent ma grand-mère Marguerite de toutes les fautes qu'elle a commises. D'abord ils incriminent son enfance malheureuse, la guerre de quatorze-dix-huit qui a fauché son père lorsqu'elle avait un an, puis son oncle quand elle en avait trois, et le climat familial de dépression profonde qui en a résulté. De l'avis général, ma grand-mère Marguerite a dû pâtir du chagrin de sa mère, endeuillée à la fois d'un mari et d'un frère, mais également obligée de se charger d'une cadette attardée mentale et du bébé que l'inceste avait déposé dans la maison. On peut même se demander si le fait d'avoir vu sa mère porter le deuil pendant plus d'un demi-siècle ne l'a pas prédisposée au rôle de veuve. Auquel cas elle aurait inconsciemment choisi pour compagnon de route un premier fiancé pulmonaire mais trop vite moribond, puis en second lieu un mari noceur, entier et assez insoucieux de sa destinée pour accepter de prendre la place du mort bien avant son terme. Naturellement, dit-on dans ma famille, le fait d'avoir souffert de la pauvreté dans son enfance et des restrictions alimentaires au début de l'âge adulte, explique pourquoi ma grand-mère Marguerite a cherché refuge sous l'aile d'un homme riche et rassurant, il faut bien manger. Qu'il en soit né un enfant n'a, selon eux, rien de surprenant ni de scandaleux : on peut supposer que l'infidèle avait inscrit cette possibilité dans son plan de vol et considérait mon grand-père Adrien comme tacitement d'accord pour élever tous les fruits de ses entrailles, sans distinction de provenance. Lequel grand-père Adrien n'a pas moins souffert de la Première guerre ni des restrictions alimentaires, et n'en est pas pour autant tombé dans les bras d'une riche héritière, mais cette contradiction ne gêne personne dans la famille. De même il faudrait admettre que la réaction de mon grand-père Adrien à la naissance de ma tante Lorraine, ce sauve-qui-peut témoignant pourtant d'une détresse poignante, n'avait aucune chance de ramener à lui l'infidèle, et qu'à sa mort ma grand-mère Marguerite lui fit encore assez d'honneur pour pleurer avec tant de constance l'idée qu'elle s'était faite de lui. Pour le reste, on observe à juste titre qu'elle appartient à ces générations d'enfants intelligents sacrifiés par un système scolaire injuste : fourvoyée dans l'impasse du certificat d'études, il n'était pas question qu'elle entre au lycée malgré son orthographe impeccable et sa soif d'apprendre. De sorte qu'à l'âge adulte, prisonnière d'une culture de classe ouverte sur un horizon court, elle n'aura jamais pu se forger de conscience politique ni de repères intellectuels, et aura épousé les thèses de l'extrême droite tout en votant Mitterrand qu'elle croyait sincèrement de gauche. Je suis persuadé que c'est grâce à de telles arguties que ma tante Solange et ma tante Lorraine ont fourni à la vieille chouette de la Pastorale diocésaine, en toute bonne foi, la matière de son oraison spécieuse. Elles-mêmes prêtent crédit à cette version de l'histoire qui, au fond, les arrange bien : plus lucide, ma tante Lorraine pourrait se sentir coupable d'avoir tué son père simplement du fait d'être née. Quant à mon père et à ma tante Solange, ils pourraient se reprocher de l'avoir laissé mourir en n'intervenant pas, à un âge où ils auraient pu hausser le ton pour faire cesser le massacre. Il leur fut sans doute plus facile de marcher dans les pas de ma grand-mère Marguerite et de considérer l'amour comme une activité à temps partiel, ou comme un mal nécessaire par quoi les humains se donnent l'illusion de n'être pas seuls.

Paradoxalement, de toute la famille c'est moi le plus clairvoyant sur cette question. Certes, je vis un esseulement radical, ne me connais ni compagne ni ami ni camarade ni collègues ni relations, et ne peux même plus partager vraiment mes passions depuis la mort de mon grand-père André et le départ d'Imre. Mais au moins j'en suis conscient, je ne revendique aucune habileté relationnelle et ne cherche pas à me leurrer sur le caractère imaginaire de ma relation avec Sophie Sylvestre-Lachenal qui me protège du désespoir absolu. Je peux d'ailleurs affirmer d'expérience que l'imaginaire seul produit cet effet : le réel ne génère qu'un douloureux sentiment d'absurdité. Mes proches ne se posent pas ce genre de questions, ils habitent le monde avec un sans-gêne de propriétaires et sans mesurer à quel point le monde les ignore. En outre, ils se croient sociables parce qu'ils sont connectés à des légions d'autres esseulés et papillonnent, sans se douter de la vanité des liens qu'ils entretissent avec leurs semblables. Il ne leur vient même pas à l'idée de pousser devant eux, comme Sisyphe son rocher, l'espoir toujours déçu d'une rencontre vraie et d'une parole pleine : ayant tôt compris que le temps avance pour eux, ils se laissent mener en roue libre vers la maladie qui justifiera leur faillite, la vieillesse qui leur fournira des alibis, le testament par quoi ils confieront à la génération suivante le soin de prolonger le processus, et *in fine* les funérailles qui les grimeront en humanistes et en croyants vertueux. Ensuite les attend, pour quelques décennies encore, le caveau à six places où, dans des conditions hygrométriques optimums, se décomposent la médiocrité et la mesquinerie plus souvent que le panache. De toute façon, malheur aux Cyrano qui parviennent, en pure perte, à résister à cette pente naturelle : mon grand-père Adrien, qui s'est suicidé à petit feu pour crier à une femme sourde sa révolte contre ses contre-emplois de mari et de postier ; mon grand-père André, qui a consacré sa vie à aimer ma grand-mère Violette puis, devenu veuf, à noyer sa douleur dans un imaginaire cataclysmique et à détruire en effigie une humanité qu'il considérait comme le cancer du vivant. Aux funérailles de mon grand-père André, personne n'a salué le génie dont il avait été habité ; et, sur le cercueil de mon grand-père Adrien, j'imagine que personne n'a évoqué l'héroïsme d'ivrogne qu'il opposa à l'adversité de son destin : je suppose même qu'il a quitté la surface de la terre vêtu du prêt-à-porter familial, c'est-à-dire en personne joyeuse, audacieuse, chaleureuse, chanceuse, fabuleuse, généreuse, lumineuse, vertueuse, fougueuse, gracieuse et surtout heureuse.

Je suis à peu près certain qu'au cimetière, après avoir observé un moment le travail des fossoyeurs, mon père feindra l'enjouement, s'exclamera que la vie continue et proposera d'aller prendre un pot au café Bourrel où mon grand-père Adrien a tant perdu de crépuscules et de dimanches. Là, dans le tintement des verres et la feinte gaieté des bistrots, on se félicitera d'avoir dignement enterré une femme de cœur au terme de sa vie bien remplie, et une fois de plus il me faudra ronger mon frein. Je me rencognerai devant mon orangeade en les regardant jouer leur partition d'endeuillés cachant tant bien que mal leur soulagement d'être enfin débarrassés de l'ancêtre et des visites à l'établissement d'hébergement pour personnes agées dépendantes. Mon père lèvera son verre de vin rouge, demandera le silence en tapant sur la carafe avec une cuillère, se souviendra que ma grand-mère Marguerite aimait bien boire « son petit gorgeon » comme il dit, avalera le sien à sa mémoire et assurera que les bougonnements pleins de tendresse de la morte allaient désormais nous manquer. Ma tante Solange rappellera que ma grand-mère Marguerite a beaucoup souffert et que cela nous invite à lui pardonner ses quelques faiblesses, sans préciser lesquelles. Engoncée dans son tailleur-pantalon noir tendu à exploser, ma tante Lorraine dira qu'elle ne peut rien dire tant le chagrin la submerge, sinon que Monsieur Jean-Luc Badin regrette de n'avoir pas pu venir et que mon cousin Gérald est désolé d'être retenu à son travail, mais que tous deux s'associent à elle et à toute la famille pour pleurer la défunte. Ma cousine Marie, majestueuse d'obésité assumée dans une robe anthracite de haute couture, fondra en larmes derrière ses lunettes noires quand on sollicitera son témoignage, puis sortira de la salle comme pour pleurer loin des regards et profitera de l'occasion pour prestement chiper des cacahuètes et du saucisson. Quant à ma cousine Christelle, elle ne pleurera ni ne parlera, filera dès que possible rejoindre ma cousine Marie pour fumer sur la terrasse malgré le vent frisquet, et ne resurgira que pour chercher un pot de vin rouge et houspiller János et Szuszá s'ils ont l'inpudence de s'amuser ensemble. Puis on déjeunera dans l'arrière-salle, chacun ira de son anecdote et de sa larme, et on regrettera qu'à une semaine près ma grand-mère Marguerite ait raté le banquet payé par la municipalité, ce qui aurait offert à tous un juste retour d'investissement sur les impôts locaux. En même temps, chacun se demandera pour lui-même si la succession réserve une bonne surprise ou si l'établissement d'hébergement pour personnes âgées dépendantes a croqué tout le patrimoine de la défunte. On pensera sans doute aux quatre places encore inoccupées dans ce confortable tombeau préservé des eaux de ruissellement, on se demandera à qui le tour, et peut-être qu'on se livrera à des paris sur l'ordre d'arrivée des cercueils, comme je suis moi-même tenté de le faire en ce moment précis. Puis chacun repartira vaquer à ses affaires, égoïstement. Mes tantes iront sans doute inonder de propos nostalgiques leur butin de châles, de gants et de chapeaux ; mes cousines profiteront de leur après-midi pour acheter des fanfreluches au centre-ville ; János et Szuszá retourneront sur leurs consoles à leurs mystérieuses activités d'adolescents ; et mon père s'avachira devant une série télévisée. Quant à moi, seul du clan à penser juste et à marcher droit, j'essaierai de dépasser le score de Roger Walkowiak dans son quart de finale au championnat de France deux mille trois en duplicate. Pour un jour aussi moche et blessant qu'aujourd'hui, je ne vois pas ce que je pourrais espérer de mieux.

Chez le même éditeur

Françoise Asso
Déliement
Reprises
Par-dessus le toit
Patrick Autréaux
Se survivre
Le Grand Vivant
Jérôme D'Astier
Les Jours perdus
Lutz Bassmann
Haïkus de prison
Avec les moines-soldats
Les aigles puent
Danse avec Nathan
Golshem
Pierre Bergounioux
Le Grand Sylvain
Le Matin des origines
Le Chevron
La Ligne
Simples, magistraux et autres antidotes
Un peu de bleu dans le paysage
Back in the Sixties
Carnet de notes 1980-1990
Carnet de notes 1991-2000
Carnet de notes 2001-2010
Carnet de notes 2011-2015
Les Forges de Syam
Une chambre en Hollande
François Bon
Temps machine
L'Enterrement
Prison
Le Solitaire
Paysage fer
Mécanique
Quatre avec le mort
David Bosc
La Claire Fontaine
Mourir et puis sauter sur son cheval
Patrick Boucheron
Léonard et Machiavel
Prendre dates (avec M. Riboulet)
Joë Bousquet
D'un regard l'autre
Papillon de neige
Les Capitales
Géva Caban
La Mort nue
Béatrice Commengé
La Danse de Nietzsche
Une vie de paysages
Marie Cosnay
Villa Chagrin
Esther Cotelle
La Prostitution de Margot
Didier Daeninckx
Retour à Béziers
La Mort en dédicace
Cannibale
Le Dernier Guérillero
Les Figurants
La Repentie
Cités perdues
Histoire et faux-semblants
Rue des Degrés
Le Goût de la vérité
Emmanuel Darley
Un gâchis
Un des malheurs
Marc Delouze
C'est le monde qui parle
Richard Dembo
Le Jardin vu du ciel
Laure Des Accords
L'Envoleuse
Michèle Desbordes
La Robe bleue
La Demande
L'Habituée
Un été de glycine
L'Emprise
Les Petites Terres
Camille De Toledo
L'Inquiétude d'être au monde
Tonino Devienne
Domaine de Breakdown
François Dominique
Solène
Dans la chambre d'Iselle
Pierre Dumayet
Le Parloir
La Maison vide
La vie est un village
La Nonchalance
Brossard et moi
Eugène Durif
Une manière noire
Vincent Eggericx
L'Art du contresens
Peau d'ogre
Mémoires d'un atome
Claude Esteban
L'Ordre donné à la nuit
Trois Espagnols. Goya, Velázquez, Picasso

Ivan Farron
L'Appétit limousin
Alain Fleischer
Mummy, mummies
Pris au mot
Grands hommes dans un parc
Benjamin Fondane
Le Mal des fantômes
Écrits pour le cinéma
Le voyageur n'a pas fini de voyager
François Garcia
Federico ! Federico !
Le Remplacement
Christian Garcin
Labyrinthes et Cie
La neige gelée ne permettait que de tout petits pas
L'Autre Monde
La Piste mongole
Des femmes disparaissent
Ienisseï
Armand Gatti
Le Couteau-toast d'Évariste Galois
La Parole errante
Œuvres théâtrales
L'Enfant-rat
Les Arbres de Ville-Évrard
Le Poisson noir,
Un homme seul
Notre tranchée de chaque jour
Les Analogues du réel
Le Monde concave
Opéra avec titre long
La Traversée des langages
Michaël Gluck
Partition blanche
Georges-Arthur Goldschmidt
Le Poing dans la bouche
Le Recours
Celui qu'on cherche habite juste à côté
Sylvie Gracia
L'Ongle rose
Pavel Hak
Vomito negro
Jean-Baptiste Harang
Prenez un coq
Laurent Jenny
Le Lieu et le Moment
Gil Jouanard
Le Jour et l'Heure
Le Goût des choses
Plutôt que d'en pleurer
D'après Follain
Mémoire de l'instant
Bonjour, monsieur Chardin !
L'Envergure du monde
Michel Jullien
Compagnies tactiles
Au bout des comédies
Esquisse d'un pendu
Yparkho
Luba Jurgenson
Au lieu du péril
Annie Le Brun
Appel d'air
Raymond Lepoutre
Ernesto Prim
Alain Lercher
Le Jardinier des morts
Les Fantômes d'Oradour
Le Dos
Prison du temps
Alain Lévêque
D'un pays de parole
Bonnard, la main légère
La Maison traversée
Le Ruisseau noir
Christophe Manon
Extrêmes et lumineux
Hugo Marsan
Le Corps du soldat
Le Balcon d'Angelo
Colette Mazabrard
Monologues de la boue
Jean-Yves Masson
L'Incendie du théâtre de Weimar
L'Isolement
Ultimes vérités sur la mort du nageur
Daniel Mesguich
L'Éternel Éphémère
Natacha Michel
Autobiographie
Plein présent
Pierre Michon
Vie de Joseph Roulin
Maîtres et Serviteurs
La Grande Beune
Le Roi du bois
Trois auteurs
Mythologies d'hiver
Abbés
Corps du roi
L'Empereur d'Occident
Les Onze
Vermillon (avec Anne-Lise Broyer)
Je veux me divertir
Dieu ne finit pas
Fie-toi à ce signe
Maurice Nadeau
Le Chemin de la vie
Claude Pérez
Amie la sorcière
Conservateur des Dangalys

Jackie Pigeaud
Théroigne de Méricourt. La lettre-mélancolie
Christophe Pradeau
La Souterraine
La Grande Sauvagerie
Jacques Réda
La Sauvette
Le Lit de la reine
Les Fins Fonds
L'Affaire du Ramsès III
Mathieu Riboulet
L'Amant des morts
Avec Bastien
Les Œuvres de miséricorde
Prendre dates (avec Patrick Boucheron)
Lisières du corps
Entre les deux il n'y a rien
Olivier Rolin
La Langue
Bric et broc
Veracruz
Emmanuelle Rousset
L'Idéal chaviré
Saturnales de Swift
Jean-Jacques Salgon
07 et autres récits
Le Roi des Zoulous
Ma vie à Saint-Domingue
Place de l'Oie
Parade sauvage
Dominique Sampiero
La Lumière du deuil
Le Dragon et la Ramure
Michel Séonnet
La Tour sarrasine
Que dirai-je aux enfants de la nuit?
Anne Serre
Le Mat
Petite table, sois mise!
Dominique Sigaud
Partir, Calcutta
Pierre Silvain
Le Jardin des retours
Julien Letrouvé colporteur
Assise devant la mer
Les Couleurs d'un hiver
Bernard Simeone
Acqua fondata
Cavatine
Sarah Streliski
Accident
Philippe Sollers
Le Saint-Âne
Emmanuel Venet
Ferdière, psychiatre d'Antonin Artaud
Précis de médecine imaginaire
Rien
Guy Walter
Un jour en moins
Outre mesure
Antoine Wauters
Nos mères

Cet ouvrage a été achevé d'imprimer en mai 2016
dans les ateliers de Normandie Roto Impression s.a.s.
61250 Lonrai
N° d'imprimeur : 1602086
Dépôt légal : mai 2016
Imprimé en France